丛书编委会

大家精要
典藏版丛书

简读 陈亮

张焕玲　著

陕西师范大学出版总社　西安

图书代号　SK24N1825

图书在版编目(CIP)数据

简读陈亮 / 张焕玲著 . — 西安：陕西师范大学出版
总社有限公司，2024.11
　（大家精要：典藏版 / 郭齐勇，周晓亮主编）
　ISBN 978-7-5695-4197-7

　Ⅰ.①简… Ⅱ.①张… Ⅲ.①陈亮（1143-1194）—
人物研究　Ⅳ.① B244.915

中国国家版本馆 CIP 数据核字（2024）第 026940 号

简读陈亮
JIAN DU CHEN LIANG

张焕玲　著

出 版 人	刘东风	
策划编辑	刘　定　陈柳冬雪	
责任编辑	焦　凌	
责任校对	彭　燕	
封面设计	龚心宇　张潇伊	
出版发行	陕西师范大学出版总社	
	（西安市长安南路 199 号　邮编 710062）	
网　　址	http://www.snupg.com	
印　　刷	深圳市福圣印刷有限公司	
开　　本	889 mm×1194 mm　1/32	
印　　张	6.875	
插　　页	4	
字　　数	120 千	
版　　次	2024 年 11 月第 1 版	
印　　次	2024 年 11 月第 1 次印刷	
书　　号	ISBN 978-7-5695-4197-7	
定　　价	49.00 元	

读者购书、书店添货或发现印装质量问题，请与本公司营销部联系、调换。
电话：（029）85307864　85303629　　传真：（029）85303879

目　录

第1章

生 平 述 略

思想萌芽期

时代背景

  12 世纪初，位于宋朝东北方的女真族建立金国，为进一步侵占中原地区，单方面撕毁和议，准备大举南犯。宣和七年（1125），金兵开始发动攻势，一时狼烟四起，战火纷飞，危及京师。靖康元年（1126），金兵铁骑攻陷汴京，烧杀抢掠，死尸遍地，血流成河，昔日繁华的都城顿时变成废墟，而九五之尊的皇帝钦宗和太上皇徽宗也成了阶下囚。第二年，金兵掳徽、钦二帝，皇室成员并搜刮宫中的金银珠宝、文物图书等北去，历时一百六十多年的北宋灭亡了。同年五月，宋徽宗第九子康王赵构在吕好问等大臣的全力周旋下仓皇登基，不久在金兵的追赶下又匆忙南渡，狼狈地辗转于扬州、镇江、平江、杭州、越州、明州等地，最后建都杭州，是为南宋。

南宋建立于危亡之际，山河沦丧，家国破碎，按理说君臣上下应众志成城，抗金复国。然而，赵构及朝臣在战局稍定后却不以恢复为念，唯求苟安于江南一隅。绍兴十一年（1141），宋、金达成协议，规定以淮水中流为界，割唐、邓二州予金；宋称臣奉表，岁贡银、绢各二十五万两、匹。和议后，朝野上下又歌舞升平，"直把杭州作汴州"。绍兴十二年，南宋爱国军民奋起痛击金人南侵，收复了中原大片失地。以赵构、秦桧为首的投降派却强命撤兵，并以"莫须有"的罪名杀害了抗金名将岳飞，残酷迫害朝野主战派人士。此后，朝廷一味粉饰太平，抗金之声一度低沉。苟活在衰世的士大夫和文人则逐渐远离时代主题，将更多精力投入学术思想的研究中，于是在腐朽衰弱的国度里绽放出一朵朵绚丽学术之花。

宋学创于北宋，至南宋孝宗乾道、淳熙间，经过东南三贤张栻、吕祖谦、朱熹的讲学阐扬，蔚成风气。除二程理学外，尚有江西讲心学的陆九渊及以陈亮、叶适为代表讲实学的浙东学派。各派都站在自己的学术立场，争鸣交流，形成了自春秋战国以来罕见的辉煌局面。朱熹集理学之大成，影响元、明、清数百年之思想；陆九渊开启明代大儒王阳明之心学；而浙东学派的事功思想更与清代颜李学派及戴东原的思想命脉息息相通。故宋学在中国思想史上处于承前启后的枢纽地位。而本书的传主陈亮就出生在这样一个朝廷内忧外患而学术却极度繁荣的时代。

家世渊源

陈亮，字同甫，号龙川先生，婺州永康（今浙江永康）人。生于高宗绍兴十三年（1143），卒于光宗绍熙五年（1194）。远祖据说是东汉末的陈定。陈定（104~187），字仲弓，颍川许（今河南许昌）人，出身寒微，却有志向学，力学不辍。年轻时做过小吏，因读书勤奋而被推荐到太学学习。汉桓帝时任太丘县令，秉公办事，以德服人，深受百姓的尊敬爱戴。后来因遭逢党锢而隐居山中，累征不起。中平四年（187）卒，私谥文范先生。陈定六子中以陈纪、陈谌最为出色。父子三人皆以道德才名著称于世，时号"三君"。陈定的玄孙陈逵随司马氏南渡，移居江南。陈逵曾为长城（今浙江长兴）令，因喜爱此地山水秀丽，遂定居于此。

从陈逵下传十世，是陈霸先这一代。陈霸先（503~559），字兴国，梁时任始兴太守，因能征善战、功勋卓著而被封为陈王，后废梁自立，国号为陈。陈传国四世，亡于隋。皇室的一个分支曾迁到永康，繁衍生息，留下一座锢之以铜，无法发掘考证的陵墓，时人称之为厚陵或后陵。

永康陈氏瓜瓞绵绵，均为皇室之后。其支脉有六，依所居地而分为龙山陈、墓西陈、石牛陈、西门陈、白岩陈、前黄陈。前四处出过朝官，曾显赫一时，后两处亦以富有而甲于乡间。陈朝三十年的国祚留给后人的福泽相当少，宋真宗咸平后，陈氏家族已散落为民了。前黄陈氏居于离厚陵七八里的前黄村，传至陈亮八世祖陈通，生子陈隆。父子二人十分能干，辛苦劳作，用心经营，渐渐富足起来。至陈隆之子陈援时，丰衣足食，俨然为乡里富户。陈援生四子，大儿子叫陈文什，三儿子叫陈贺，陈亮就出于陈贺这一支。此时陈家人丁兴旺，召开一次家庭会议，动辄就有数百人参加。陈贺在儿子陈知元出生后不久就过世，陈援又已老迈，家族的管理重担就落到了陈文什的肩上。陈文什扶孤存寡，倾其全力使一家衣食无忧。此后整个家族逐渐走向没落。

靖康初年，陈亮的曾祖父陈知元入伍，守卫京城。金人入侵，他在大将刘延庆麾下英勇杀敌，最后战死在开封城固子门外，抛下了寡母、妻子及二子。长子陈益就是陈亮的爷爷，约生于宋徽宗崇宁二年（1103），字进之，娶同乡敦武郎黄俸之女。绍兴初年，而立之年的陈益带领家人迁居离永康县治东北五十里的龙窟山下。龙窟山相传为龙栖之地，群山环绕，风景秀丽，是一块不可多得的福地。迁居不久，陈益的祖母李氏、寡母吕氏就相继而亡，葬于龙窟山，为陈氏的再世之墓。一家人都希冀这块风水宝地能为陈家带来福气。陈益生性豪迈粗率，不擅经营，攻读儒业，屡举不中；又弃文从武，也无所树立，最后索性放浪形骸，沉湎于酒乡。弟弟陈持直到晚年才由恩科得江西高安县主簿一职，不久就去世了。

陈益之妻黄氏生子次尹，成年后娶舅父黄大圭之女为妻，生下长子陈亮。陈亮刚出生就眼睛黑亮有神，异于常人，刚好此时又是两座孤坟崛起后的第十二年，陈益认为这是祖先显灵降福之兆，对长孙抱着莫大期望。他曾梦见一位叫作童汝能的状元，便认定孙子将来一定会像梦中人一样高中状元。因此，他将长孙取名为"汝能"，字同甫。陈持每次与陈亮谈起那两座墓，都说："这墓能为陈家带来好运，这个好运将来一定会应在你身上！"

祖父母担负起陈亮幼时的抚育重任，祖父成了他的启蒙老师，每日陪他玩耍嬉戏，敦促他读书习字，祖孙之间其乐融融。近朱者赤，近墨者黑，陈亮在潜移默化中继承了祖父豪放洒脱的性格、放荡不羁的情怀和文武兼通的志向。陈亮的外太公黄俸，在金兵南侵永康时，以死捍卫乡里。外祖父黄大圭在抗金战斗中曾活捉金军别将，建立功勋。陈亮对先辈们的爱国事迹耳熟能详，不知不觉就受到了熏陶。

一代豪杰陈亮就成长在这样一个日渐走向衰败没落的家庭，命中注定他要饱经磨难，肩负起振兴家族的重任。而他又出生在这样一个国家衰破、需要振作的时代，也冥冥中注定他要振臂高呼，为抗金复国的历史使命而奔波终生。

少负大志

绍兴二十五年（1155），秦桧死，金主完颜亮打算迁都汴京（今河南开封），命完颜长宁为汴京留守，筹治宫室。绍兴二十六年，被金人拘禁的钦宗悲惨死去。此时正在龙窟山下潜心读书的陈亮，已成长为一个读书过目成诵、下笔千言立就的少年英才。他自幼耳闻国家被金人残破之状，曾祖父又在抗金中牺牲，因此早就显示出超迈的才气和拯救民族危难的自信。他沉溺于历代史策中，尤其重视其中所蕴含的王霸大略和兵机利害，希望以此作为现实的借鉴。他常和好友一起在饭后茶余谈古论今，每当谈到周瑜、陈登等人的英雄事迹时，都会眉飞色舞、情不自禁地鼓掌欢呼，期望将来也能大显身手，建功立业。

绍兴三十一年六月，金主完颜亮大肆残害宋皇室被掳人员。九月，他率数十万金军大举南侵。大臣虞允文被高宗派往前线犒军，却发现采石守将尚未到任，军中士气低迷。他决定亲自督战，严密部署，誓杀金敌，最终在采石矶（今安徽马鞍山境内）大败金军。完颜亮在战败后因内讧被部下所杀。消息传开，宋廷上下为之振奋。四方豪杰也趁机揭竿而起，山东人耿京集结义军二十五万，占据东平府（今山东东平），自称天平节度使，指挥山东、河北忠义军马。少年英杰辛弃疾也带领两千人投奔耿京，负责掌管义军文书等。他说服耿京归宋，并亲自面圣，接洽南归事宜。在返回途中，听说张安国杀死耿京后降金，立即带上几十个人直奔金营，将正与金将酣饮的叛徒！捆缚而出，率领耿京旧部七八千人，一路南下，献俘于宋廷。辛弃疾的英雄事迹广为流传，自然也令陈亮倾慕不已。

陈亮未及弱冠之年就饱读史书，研习兵法，撰成经世致用的名作《酌古论》，以总结古代军事斗争的经验教训，作为南宋"中兴""恢复"大业之借鉴。他在序言中说文武之道在古代是合而为一的，到后来才分为截然不同的两端：文士专门舞文弄墨，武士只是冲锋陷阵。双方还互相讥笑，争抢风头。当天下太平无事时，则文士春风得意，有事时武士就建功立业。可是文并不仅限于写作，还要有处理政事的才能；武也不只是冲锋陷阵，应有料敌之智。具备了处事之才和料敌之智，文武就是一回事。宋代秉承抑武右文、以文治国之策，使文武分工和差别越来越明显。对此，陈亮认为应文武兼备，强调文武各有所长，应当相辅相成，相得益彰。

《酌古论》对汉唐以来十九位英雄豪杰的重大军事活动都作了细致分析，尤其就史籍中未能做到的、未能道明的方面立论，总结经验教训，供人研究效法，大到振兴王业，小到临敌作战，都有可观之处。陈亮在书中似乎穿越了时光隧道，驰骋在古战场上，精心谋划着扭转乾坤之策。他酌古论今，既处处在论列往昔，也处处在针砭现实，展示文韬武略。此集很快在社会上传播，婺州知州周葵读后大奇，击节叹赏不已，于是请来陈亮，当面辩难。陈亮满怀自信，侃侃而谈，那指点江山的慷慨豪情和必欲用世的雄心壮志，一时让周葵许为国士，待为上宾。尽管周葵偏重于明心见性之说，笃信"格物致知"之学，而陈亮热衷于事功之学，但这丝毫不影响他们的交谊。周葵赏识陈亮的出众才智，担心他在学术上有走偏锋的危险，因此有意在闲暇时以《中庸》《大学》相授，使其朝暮以听，随事而诲，渐启其道德性命之学。

初露锋芒

陈亮自崛起于乡村，学无师承，颇乏良师益友。绍兴三十二年（1162），他与吕祖谦一同应考，自负才能和学问都不在吕之下。吕祖谦（1137~1181），字伯恭，号东莱，浙江金华人，出身官宦世家。吕祖谦年长陈亮五六岁，自幼受到伯祖吕本中的熏陶，又从名师林之奇、汪应辰、胡宪学习，受到了严格的学术训练。二人此次科考均无果，但从此结下深挚的友谊，展开了频繁的思想学术交流。

同年，赵构禅位于太子赵昚，即宋孝宗。孝宗在藩邸时就不满秦桧的投降政策，有收复中原的远大志向。他即位后励精图治，整顿朝政，查禁秦桧党人，重用张浚、陈俊卿等主战派人士。隆兴元年（1163），又罢免史浩，提拔张浚为枢密使，都督江淮东西路军马，开府建康，负责用兵事宜。五月，张浚派濠州李显忠、泗州邵宏渊一起对金作战，但因二人不和，协同不力，以失败而告终。这无疑给了主战派当头一棒，也动摇了孝宗抗战的决心，以致他一生都处在犹豫观望、举棋不定中。此时朝中议论汹汹，主和派占了上风。孝宗只得起用秦桧余党汤思退为右相，与金人议和。六月，周葵也因在战前反对贸然出兵而升为参知政事。他虽位居要津，仍对落第的陈亮优待有加，视为幕僚，让他与上门言事的士大夫一起探讨国事，商榷学问。而陈亮在享受优待的同时，也竭尽所能向周葵举荐人才，胡权、王街、叶衡、孙伯虎等人都为陈亮所荐，而叶衡后来位至丞相。

隆兴二年（1164）十二月，宋、金缔结"隆兴和约"，改君臣关系为叔侄关系，改"诏表"为"国书"，改"岁贡"为"岁币"，银、绢各二十五万两、匹减到各二十万两、匹。宋割商、秦地，使疆界又恢复到以前状态，也标志着双方进入一个相对稳定的时期。天下欣向太平，当政者讳言兵事，而那些要求整饬兵备、坚持抗金的主战派也失去了用武之地。陈亮虽坚决反对议和，对投降派畏敌求和、置统一大业于不顾的可耻行径深恶痛绝，但因人微言轻，无济于事。周葵为官一生所做大事，莫过于达成隆兴和议。而陈亮是坚定的主战派，周葵以宽厚的胸襟对他加以欣赏提携，既是为其才气、豪情所折服，也是一种天下之才天下人当共惜之的表现。陈亮尽管反对和议，但对周葵在任期间直言批评朝政、不肯附和当权的举动还是深表敬意。

　　陈亮在写成《酌古论》后，不仅得到周葵的器重，而且因声名大振而受到官员何恪的青睐，为自己赢得了一桩比较理想的婚姻。这年冬天，周葵罢参知政事，陈亮也因婚事被召回家。

　　在古代，婚姻讲究的是父母之命、媒妁之言，极少有家庭会征求儿女意见。所以，婚姻的当事人直到洞房花烛之时才谋面，也是常有之事。促成陈亮这门婚姻的月老是新娘的叔叔何恪。他对陈亮也是只闻其名、未睹其人，却古道热肠、锲而不舍地促成了这桩婚姻。何恪，字茂恭，浙江义乌人，绍兴三十年（1160）进士。他有意圣贤之学，不为世俗之交，为人孤傲不群，目空四海，但对豪杰之士却异常尊敬。兄长何恢，字茂宏，相貌端庄，心胸开阔，读书作文，唯求适用，是个理财高手。何家资产巨万，是义乌屈指可数的富豪。兄弟二人相亲相爱，声气相通。何恪作为官场之人，见多识广，暗中为侄女物色佳婿。他听到不少社会名流称赞陈亮，读到《酌古论》时，即认定其为不世之才，将来必成大器。他与陈亮未谋面而神已交，语言未通而肝胆相与，不仅四处褒扬他，还竭力向兄长推荐。可是何恢考虑到陈家家境清寒，况且陈亮尚未博取功名，就不同意这门婚事，其他亲戚也多持否定态度。后来何恪坚持说陈亮不是等闲之辈，必有一飞冲天之日，并不改初衷，始终为侄女的幸福努力争取。他到江西永新任主簿之前，还特意叮嘱说："一定要把二侄女嫁给陈亮，我保证他可以依靠。"何恢一直心有顾虑，犹豫不决。而何恪虽离家两千多里，也一有机会就在家书中提起这桩婚事，担心失去与陈家联姻的机会。何恪的良苦用心最终打动了何恢，他说："我宁愿女儿一辈子受苦受累，也不能冷落了兄弟的一片情谊。"于是就派人到永康提亲，将女儿许配给陈亮。陈亮归家后，就遵从父母之命，于乾道元年（1165）娶义乌何恢之女为妻。

思想发展期

逆境奋斗

天有不测风云，人有旦夕祸福。陈亮婚后不久，家里就接连遭遇人祸。八月，母亲因不堪生活重负，操劳过累而病亡，年仅三十七岁。经济拮据的陈亮，无力举行葬礼，只好停棺待葬。幼妹则由体弱多病的姨母照看。姨母自幼遭遇双亲病逝、六个兄弟全部夭折的沉重打击，一生郁郁寡欢，在病重之时还叮嘱陈亮，一定要努力奋斗，振兴陈家，以告慰其母在天之灵。当陈亮还沉浸在丧母之痛时，父亲又蒙冤入狱。年过花甲的祖父母闻此噩耗，忧思成疾。乾道三年（1167）六月，祖母郁郁而终。十二月，祖父也溘然长逝。频频袭来的灾难使这个早已衰败的家庭摇摇欲坠，救生送死的重担一下子都压到陈亮的肩上。刚过门的新媳妇自幼娇生惯养，锦衣玉食，哪里见过如此凄凉悲惨的阵势，痛哭流涕地托人给娘家捎信求助。于是，陈亮的岳父就不顾及女婿的颜面，将女儿接回去了。而陈亮之弟也无意与兄长分忧，带着妻子搬出去住了。顿时，偌大的宅院死气沉沉，只剩下他的幼妹和一个小婢在孤灯破壁下伴着灵柩啜泣，默默地与他共患难。此景此情，令陈亮如万箭穿心，悲痛欲绝。他顾不上按照正常的礼节为死去的亲人守孝，只能卖田押地，倾其所有，为解救父亲而奔波。乾道四年夏，父亲终于在叶衡的帮助下出狱。

陈亮经过这一番折腾，将祖传的二百亩良田全部卖光，最后几乎无寸土可耕。原本就不宽裕的家庭更是捉襟见肘，连维持日常生计都成了问题。他却不向命运屈服，因钦慕诸葛亮而改名为"亮"，全力复习备考，希望借此摆脱人生困境。

两宋时，科举取士选官的程序是：每年秋天，各州举行考试，称为"取解试"，冬天将合格者解送礼部。第二年春天，这些"举子"在贡院进行考试，叫"礼部试"，又称"省试"。从孝宗隆兴元年（1163）开始，省试有诗赋进士和经义进士两科，要进行试策、试论、试诗赋或经义三场考试。省试合格者，由尚书省放榜告示于众后，再参加由皇帝主持的殿试，评划五等。一等的评语是"学况优长，词理精绝为第一"。一、二等为"一甲"，三等为"二甲"，四、五等为"三甲"，赐第唱名后授职。

九月，陈亮参加婺州乡试，中了第一名，送到京师，录为太学生员。他在太学结交了张栻、芮烨、陈傅良等学者，进一步拓展了学术视野。他与陈傅良同学于芮烨门下，常在一起促膝长谈，倾诉人生志趣，探讨皇帝王霸之学，感情深厚，并称"二陈"，享有盛名。陈傅良（1137～1203），字君举，号止斋，江西瑞安人，师从薛季宣，注重对制度的研究，考订制度以求实用，以文章名世。曾任中书舍人兼侍读、直学士院、同实录院修撰等职。

此时，浙东学者薛季宣来到京师，在太学拜访朋友时，听说了陈亮的大名，在郑景望的推荐下阅读了陈亮的文章。不久，陈亮就写信向薛季宣请教体用问题。薛季宣此时尚未找到事功之学的义理根据，故以洛学克己持敬的态度告诉陈亮，道器为一，下学才可以上达。薛季宣（1134～1173），字士龙，号艮斋，学者称其常州先生，永嘉（今浙江温州）人，从湖湘学者袁溉问学，多考订礼乐兵农制度，以求实用。他以恩荫入仕，历知武昌、常熟、湖州等地。晚年与朱熹、吕祖谦交往、商榷学问，开永嘉学派之先声。这一时期陈亮心境非常乐观，钻研学问，畅想未来，对前途充满了憧憬。

上书孝宗

陈亮参加科举考试，并非为了取得一官而图富贵，主要目的是"经世"，获得施展才能的机会，实现辅佐朝廷中兴复国的宏愿。然而，陈亮的会试结果却是榜上无名。自隆兴和议后，朝廷内外不思振作，一派歌舞升平。陈亮针对这种置国仇家恨于不顾、屡遭羞辱而泰然自若的局面，非常痛恨。他本想在会试中举后面圣，献治国抗金之大计，却顿成泡影。

在科举取士的时代，普通读书人假如不由考试进阶，要想用世，简直无路可循。而南宋诸君以孝宗最为贤明，有志恢复，常广开献言之路，为读书人提供了另一条道路。陈亮返乡后闭门枯坐，思绪万千。他扪心自问：难道没有进身之阶就放弃报效国家、抗金恢复的志向吗？有意见不提，不给国家一点帮助，那是愤世嫉俗；对于有志中兴的皇帝，自己心怀忠言而不讲，也不对；本无私心，而怕别人怀疑，那是不自信。鉴于此，他决定伏阙上书言事。如果皇帝赏识采纳，那富国强民、驱除北虏指日可待，强似等待会试中举百倍。于是，他在金宋和议已定之时，冒天下之大不韪上《中兴论》，全面分析抗金斗争的整体局势，尖锐地批评了朝廷公卿大臣的投降主义政策，明确向孝宗提出坚决抗金、收复中原的政治主张和一系列中兴图强的经济、政治和军事策略。

陈亮的中兴恢复之策，实事求是，针砭时弊，反映了对现实政治及时势的冷静思考与深刻认识，体现出以经世济民为旨归的特点。南宋以来，主战还是主和，一直是贯穿统治集团内部政治斗争的焦点。皇帝们则玩弄和与战这两张牌，作为平衡政局的手段。虽然陈亮在上书中提出的措施有一定的可行性，但正值孝宗北伐受挫、一蹶不振之时，朝廷内部矛盾重重，主和派占上风，故未被采纳。

陈亮举进士不中，上书不纳，深感愤懑，而京城人物如林，他的言论也不足以引起重视，只好乘兴而来，败兴而归。可是，他现在家徒四壁，手无寸田，连奉养父亲的能力都没有了。他曾在向叶衡道谢的书信中顺便提起困顿的家境，希望能够得到一些经济援助。乡人徐介卿，很同情他的不幸遭遇，提议把儿子送到陈亮那里受教，使他赚一些束脩补贴家用，却被拒绝了。

知交好友

与陈亮相比，吕祖谦的仕途要顺达很多。乾道五年（1169）六月，除太学博士侍阙。六年五月，又除太学博士兼国史编修官及实录院检讨官。吕祖谦为人宽厚，在待人接物方面，始终奉行心平气和的原则，从不疾言厉色。他在治学方面则由经入史，泛观广接，博采众长，兼容并包，不主一说。他通过对历史著作的汇诠和撰写，阐发学术思想，形成了吕学的独特风格，也开创了"言性命者必究于史"的浙东学术的新路数。他在与各学派交流时，从不苛求对方"学之所短"，而是认真汲取其学之长，表现出海纳百川的学术雅量，赢得了当时学者的褒扬。正是因为他的和颜悦色、求同存异，才与性格迥异、卓尔不群的陈亮成为莫逆之交。此时，辛弃疾刚巧由江西安抚使调到临安任大理少卿。辛、吕时相过从，而陈、吕又为知己。经吕祖谦介绍，辛、陈相识。此时陈亮能够结交像辛弃疾这样的英雄人物，共同探讨抗金大业，对他失落的心态也是一种极好的安慰。他们关心国事，力主抗金，矢志整顿山河，恢复中原，友情日益深厚。

此间陈亮派人将所作《孟子提要》送给吕祖谦阅读。吕祖谦感叹近年来在一起探讨学问的友人越来越少，能与陈亮共同切磋，非常高兴。如果在读书过程中有什么疑问，他一定会提出来开诚布公地讨论。在他们的交往中，吕祖谦自始至终都表现出一种长者风度，和蔼可亲，心胸宽阔。吕祖谦不仅能设身处地为陈亮着想：理解他的苦恼，同情他的不幸，抚慰他的失意；而且能以高洁宽广的道德情操鼓励和影响他，开导他的人生，砥砺他的德行。这期间，二人经常进行交流，陈亮每作一文，每刻一书，往往就正于吕祖谦，在精神和学术上对他极为敬重，两人亦师亦友，相处融洽。

这时，永嘉学子叶适到婺州游学，与陈亮一见如故，当下订交。他客居在陈亮家中，一起探讨、研究圣贤用心和豪杰行事，会通二者，得其所以与时偕行的道理。二人志同道合，了解愈深，友情愈厚，义同昆弟。叶适（1150～1223），字正则，号水心，瑞安（今浙江温州）人。淳熙五年（1178）进士。历仕于孝宗、光宗、宁宗三朝，官至权工部侍郎、吏部侍郎兼直学士院。他力主抗金，反对和议，提倡"事功之学"，为浙学的集大成者。

归隐田园

陈亮在社会上撞得鼻青脸肿，用世之心深受打击。他回顾了早年读的杨龟山《语录》，谓"人住得然后可以有为。才智之士，非有学力，却住不得"，觉得这句话不啻金玉良言，自己四处碰壁可能是学力还不够深厚之故，决定归隐田园，潜心修行。

就在他生活和事业都陷入困顿之际，学术界正在悄悄地发生着变化：二程洛学经过朱熹、张栻、吕祖谦诸儒的大力阐扬，跃为显学。他们常在一起讲学谈道，整理编订理学典籍，互相辩难，取长补短，不断完善理学的理论体系。三贤在学界声名显赫，道德、文章皆为一时楷模，故登高一呼，从者甚众。陈亮身处理学大潮中，感受颇深。虽然他也很佩服三贤的学问人格，但却不喜理学空谈性命、排斥事功。独特的性格与学术思路使他不甘心附和其后，便开始搜罗古今书籍，加以研读，寻绎儒者注重事功的学理，重实事、讲实学，致力于经世致用，弘扬事功精神。从此，置身于学术主流之外的陈亮，在苦难生活的磨砺下，开始慢慢找到了航向。在这一时期，他的事功之学基本形成，永康学派也开始慢慢壮大。

乾道七年（1171）八月，吕祖谦致书陈亮，撮合他与薛季宣相见。二人会面，畅谈所学，气氛融洽，大有相见恨晚之感。后来，陈亮在家里盖房子，请他们作铭，吕祖谦因故未作，薛季宣则应约作了一篇《妥斋铭》作为纪念。乾道八年春，吕祖谦之父去世，陈亮前往祭奠，作《祭吕治先郎中文》，以示悼念。

陈亮作为一介书生，谋生乏术，免不了要走设帐授徒以饱口腹的老路。当时的理学家多以书院讲学为事，陈亮为表示讲学主旨不同，乃别立"保社"之名，招收远近的生徒，开展教学与学术研讨活动。因他与乡亲们的关系并不好，落第以及上书失败，招来不少异样的眼光。一开始，大家都怀疑他的学说不对头，不愿将孩子送来学习。后来，浦江县的钱廓最先入学，并说："我不会作科举文章，即使能作也不愿作。我只想学应当学的东西。"这一时期前来就学的主要有喻民献、吴深、林惜、钱廓、孙贯、徐硕、喻侃、喻南强等人，多为血气方刚、豪气凌云的青年，陈亮除讲授《五经》《论语》《孟子》之外，重点传播经世致用的功利之学。

七月初，吕祖谦来信劝慰开导陈亮，对他前往为父吊丧表示感谢，问候保社开办情况，并鼓励他选择一两个资质较好的生徒加以启迪教导，帅之以正，开之以渐。最后约陈亮、陈傅良在九月相聚。陈亮全力投入教学和研究中，举凡经籍典册、兵农食货、历史掌故、地理形胜和各种文物制度等，尽在研究之列。

学术研讨

乾道九年（1173），陈亮作《杨龟山中庸解序》，强调以《四书》为准则去理解《春秋》《易》等儒家经典。九月，薛季宣病逝，陈亮撰写祭文沉痛悼念好友。十二月，靠着授徒所得束脩之资，他终于将祖父母与母亲放置多年的灵柩安葬于龙窟山下。葬礼已毕，陈亮心中释然，欣慰之情油然而生。然而，灾祸却不给他喘息的机会，父亲陈次尹又去世了。他悲痛之余，擦干眼泪，决定即使向人告贷也要让父亲早日入土为安。一番奔波忙乱后，丧事总算安排妥当。他负债累累，急需授徒以偿还债务，遂转移父亲灵位，腾出房间作为教读之所。他特意写了《先考移灵文》，哭诉所面临的艰难处境，希望亡父体谅。

此时，吕祖谦丁父忧，也在明招山讲学。他与陈亮经常通信，论学最为频繁。他在致陈亮书中，论登高当自足下发，鼓励其刊《易传》，约定日后在明招山相见，重议编史及《春秋论》等事。八月，陈亮编成《论事录》《欧阳文忠公文粹》，请吕祖谦评议。吕氏认真推敲，强调为学当本末并举，认为书的后跋引策问甚有意味，评神宗、王安石处，语言欠婉。他看《易传》仍有一两字误，就吩咐潘景宪为之校勘。陈亮又以《伊洛正源书》来议，吕祖谦对此书有所批评，认为序文中说横渠、二程比孔孟，颇似断定。不久，陈亮以所作《邓耿赞》等就教。吕祖谦字斟句酌，认真审读，认为赞文断句抑扬有余味，盖得太史公笔法。《武侯赞》联系靖康之变阐发，尤有补于世教；并赞章德文、何懋恭两篇祭文是奇作；《广惠王祈雨文》驳驳有东坡在凤翔时的风气。

淳熙元年（1174）正月，周葵去世，陈亮因重孝在身加之路途遥远，未能前去祭拜。他回想周葵当年谆谆教导的知遇之恩和殷切期待，自觉穷困潦倒，有负天地，不禁失声痛哭，心如刀绞，写《祭周参政文》，遥祭恩师之灵。三月，吕祖谦到永康与陈亮聚会。七月，陈亮以《祭薛士龙知府文》与书就教，吕祖谦赞其祭文皆是发自肺腑之语，非常感人。后又致书陈亮，论克己之难，勉励他修身育德，还赞他的《策问》《吏部侍郎章公德文行状》文气疏宕高远，有数条立论尤为高妙。十二月，吕祖谦以所作《薛常州墓志铭》

就正于陈亮。陈亮反复观看，认为此文布置有统、记载有法。吕祖谦说接到陈亮的《孟子提要》时，展玩数次、爱不释手，拟中春面议时再畅谈看法。

淳熙二年（1175），郑伯熊做婺州太守，陈亮也常去拜访，一起谈论国家大事，郑伯熊也曾亲自到永康龙窟造访陈亮。五月，陈亮给吕祖谦写信问询。六月，他听说吕祖谦从江西上饶归来，就派人前去听取吕氏对《三国纪年序引》的意见。当时天气炎热，再加上路途奔波，吕祖谦已疲惫不堪，但仍然及时回复说纪年冠以甲子而并列三国之年，这种体例很恰当，然前后语意有未妥处。并强调以论者为之，蜀当继汉为正统。七月初，吕祖谦致书约会陈亮，详论《三国纪年序引》。九月，陈亮给吕祖谦去信，为叔祖陈持求墓志铭。不久，陈亮又将所删正的《文中子》及《文中子序引》就教吕祖谦，吕氏指出《文中子序引》之意久无人知，其间颇有抑扬过当处。吕祖谦还邀请他深秋时到明招山中，称当热情款待并以问题请教。十二月，吕祖谦的幼弟去世，陈亮去函慰问吊唁。这期间，吕祖谦有意调和重史的浙学与重经的理学之间的分歧，经常和朱熹提及陈亮。朱熹听说陈亮刻有关于二程的书籍，极想一见，多次来函索求。

淳熙三年正月，吕祖谦致书陈亮，并附寄胡寅《读通鉴论》，嘱托他入城时将《三先生论事录》《礼书补遗》《本政书》等续刊已毕者，各带一秩来。陈亮派人专程到金华送去书信及温柑、海物等礼品。春天，陈亮受吕祖谦之托，前往永嘉探望正在乐清雁荡山中教书的叶适。九月，陈亮将所作《林公材墓志铭》等五篇墓铭送与吕祖谦求教。秋天，郑景望在做官期间，经常顺道与陈亮相聚。陈亮对他的学行颇为钦佩。陈亮不喜随文释义的经学，重视书经的纲理世变，因时制宜。而郑景望的《书说》便具有这种特点，两人的见解相近，所以交谊较深。

结交名流

陈亮一生通过各种途径结交了上至宰相下至郎官等大量官员及社会名流，他常利用各种形式和渠道把自己的观点、主张、对策反映给王淮、叶衡、章德茂、韩子师、丘宗卿等官员，进而去影响他们。诗词、文章、书信都成了他传情达意的工具。他将一腔爱国之情和矢志不渝的抗金主张灌注其间，以此来扩大影响，建立主战派同盟，共同为国家复兴抛头颅、洒热血。

淳熙二年（1175）夏天，陈亮与刘元实、唐与正陪叶衡丞相饮酒，看到朋友已不复当年的奋发有为，虽身居高位却安于享乐、不思进取，他的心情非常沉痛。但他仍强装笑颜，作词一首，婉转地劝他人不要沉湎杯盏、虚度光阴；不要丧失信心、尽弃前志。后来陈亮又致书叶衡，在信中谈道：听说军队装备精良，北伐大计已定，只是苦于朝廷中意见不一。大概国家的抗金力量还未强大，因此主和派占了上风。文官不懂军事，武将又害怕打仗，所以都围绕"二十年为备"大做文章，为继续苟安找借口。以今日中国疆域的辽阔和皇上的英明，如果能够同心协力整顿五年，使社会生产稍有恢复，国家财力可资依靠，英雄豪杰振奋而起，中原人民有了方向，那么主和派就无计可施了。丞相您虽有抗金救国之志，但顾曲自娱，忙于应酬，就会与抗金主张背道而驰。英雄豪杰失去希望，还能靠谁来完成抗金救国的事业呢？希望您能珍惜光阴，整顿内政，明辨是非，确立大计。向您进言是我的责任，北伐雪耻到了付诸实践的时候了。长期的忧愁使我十分怕事，不敢贸然拜访尊府，只好在信中一吐衷肠。陈亮虽为一介布衣，身居乡野，却念念不忘国家大事，三番五次，暗讽明劝，殷殷期待当权者能够力排众议，辅佐皇帝早定抗金大计，忧国忧民之深情可见一斑。

从乾道七年（1171）到淳熙四年（1177），正是陈亮智力成熟的阶段。他在实践中也深刻体会到《中庸》《大学》那一套空言心性之学，实在一点用处也没有，于是考究古今之变，创为皇帝王霸之学。他通过认真研究先秦儒家经典、北宋理学家著作、历代史著及近人著述，广博阅读文史名著，学问大进；又与吕祖谦、陈傅良、叶适、薛季宣、郑伯熊等知名学者，相与上下其论，互相辩难、取长补短，学术造诣更为深厚，尤其是他的批判精神、创造精神、现实主义的功利精神及豪杰英雄气质显得更突出。他从思想到实践都经历了深刻而又艰难的蜕变，将豪杰精神与功利之学有机地结合起来，对抗盛极一时的理学，极富有创造开拓精神。

思想成熟期

二进太学

陈亮经过十年的寒窗苦学，砥砺意志，学问益深，声名益大，然而却是身居江湖难忘社稷，不甘心放弃抗金中兴的梦想。有一天，他偶然打开书箱，看到了处女作《酌古论》，恍若隔世，感慨良多，觉得自己年少时胸中尚且如有千军万马驰骋之意，若有机会一展宏图，前途未可易量。他始终相信研究史策所得知识是切于实用的，也是时代所急需的，盼望经世之学发挥作用，故不能安于做一辈子的教书匠，眼睁睁地看着呕心沥血获得的知识尽弃于垄亩。

淳熙四年（1177），陈亮以权宜之计二进太学，因为太学解额宽，且有通过舍选或直接释褐或免省试或免解试便进入的机会。进入太学是士子们求学及备考的重要捷径。陈亮希望能在全体考试中脱颖而出，故有意摆脱答题的常规程式，借题发挥，独抒己见，以出奇制胜。陈亮的文名之大是众所周知的，出类拔萃的表现更毋庸置疑。试卷评判完毕，有的考官甚至就认定监魁非陈亮莫属。但等到试榜揭晓时，陈亮的试卷却被考官视为最不合程式的。于是，就有人批评陈亮狂妄无礼，竟敢在试卷上乱发怪论，诋毁朝政，哗众取宠。整个太学也为之议论纷纷，甚至惊动了朝野，引起一场轩然大波，陈亮再次成为焦点人物。

关于此事，也有野史传说陈亮之所以铩羽而归，是有人故意为难他。宋吴子良《荆溪林下偶谈》记载：金华名人唐仲友与陈亮是乡邻，一向嫉妒其声名大，知道他擅长写辩论性的文章，以气势取胜，而对典章礼制素无研究，所以在主持太学考试时，故意从《礼记》出题，使陈亮无从下笔。揭榜后他又把陈亮的试卷单独挑出来给众位考官审阅，大家便一起嘲笑陈亮。陈亮无地自容而退学。这种传闻多半是街谈巷议，不足为据。

总之，这次考试的失利，对陈亮的打击确实很大。他本想一展雄风，尽显平生经略四方之志，却平地跌了个大跟头，摔得灰头灰脸、狼狈不堪，只是为别人增添了一些茶余饭后的谈资罢了。陈亮进退两难，讪讪退出太学。他对此事耿耿于怀，私下怀疑是考官有意为难他，悲愤之情溢于言表。好友吕祖谦写信抚慰他，说明考官是无意为之，劝他不要以试闱得失为念，加强品德修养，不以物喜，不以己悲，从容自怡，学习颜子犯而不校。

乡间依然是那么寂寞，因考试失利而心绪不佳的陈亮常扪心自问：难道我就注定要与草木同朽吗？我的满腹经纶也要深埋到坟墓之中吗？人生道路上的狂风暴雨并不能阻挡他上下求索的脚步，满腔报国热情又促使他再次决定尽己所能，为国献策。

伏阙上书

淳熙五年（1178）正月，陈亮改名为陈同，本着多年来潜心研究所得，再次到临安上书孝宗皇帝，他进一步发挥《酌古论》《中兴论》的政治主张，力劝孝宗正视现实，励精图治，撕毁和议，改革时弊，收复失地，洗刷国耻，拯救人民，开南宋太平基业。他分析了宋朝的立国之本，以磅礴的气势描绘变革蓝图，劝谏孝宗安不忘危，痛自苛责；他据事功之学阐明中兴抗金的计划与策略，抨击以秦桧为首的议和派以纳贡称臣为代价，必将"惰人心"，造成"上下之苟安"的局面；批评理学先生尽讲性命却安于国耻，才臣只论富强却不知立国之本；并说真正能够帮助朝廷恢复中原的是那些平时被摈斥为不拘法度的英雄豪杰。至于机要方略，要等到面见圣上时才陈述。他的策略很有见地，说理透彻，绝非浮言空论。

孝宗认真阅读后，观书泣涕，很受鼓舞，一度很想将它张贴在朝堂激励群臣，并想依照宋太宗录用隐逸种放的故事，重用这位心忧天下，智谋过人，甘冒天威，上书言事的平民。种放（955~1015），字名逸，洛阳人，年少时就不喜与同伴嬉戏，足迹遍及名山大川，有隐逸之志。其父早卒，兄长皆参加科举考试，唯有他携母隐居终南山，结草为庐，以讲习为业，以著述为乐。淳化三年（992），宋太宗召见，不赴。种放母亲去世后，太宗再次召见，问以民政边事。即日，授左司谏、直昭文馆，后累迁工部侍郎。

权臣曾觌先悟帝心，打算在皇帝召用前先行给陈亮报喜，捞取举贤荐士的美名。他偷偷跑到陈亮住所，要求拜见。陈亮为人正直，早就风闻他在朝中所为，觉得与他交往有辱品行，于是翻墙而逃。陈亮的举动出乎曾觌的意料，让这个在孝宗面前炙手可热的大红人恼羞成怒。

陈亮还在耐心地等待着朝廷激动人心的反应，最好是皇帝见到奏疏后，顷刻就发雷霆之怒，雷厉风行地撕毁和议，夙兴夜寐以图恢复大业。然而，直到第八天，也没有任何反响。陈亮不禁疑惑、沮丧、伤心：究竟是建议的恢复方略不对，还是言辞不够犀利，以致达不到打动皇帝的效果。于是，他又写了第二封奏疏呈上，强调了时局之危，认为要想富国强兵，改革势在必行。他充分发挥学术特长，以周平王迁都为例，说明一个国家如果忘却国耻就意味着开始走向衰亡。陈亮搬出《春秋》笔法，以彰显圣人尊王攘夷之大义。最后义愤填膺地批判了在忍辱苟活局面中讨饭吃的君臣，说朝廷重臣张浚始终任事，虽屡战屡败，无尺寸之功，但因坚持抗金，而被天下人目为社稷大臣。奸佞小人秦桧在朝中擅权二十多年，抛君父之仇，用议和苟安来保全东南，却被天下人视为奸臣贼子。全疏语句精警，振聋发聩。孝宗读后若有所悟，心为之动，就先派朝中要员考察陈亮，见识一下这位豪杰的高论。如果大家一致通过，自己再亲自出面召见，破格提拔他。

这次审察在尚书省的办公大厅举行，由同知枢密院事赵雄为首的官员主持。陈亮面对这些平时只会拱手称旨，唯唯诺诺的高官，简单陈说了三条：

第一，励志复仇，全民动员，选人用才。靖康之耻乃国家之耻辱，人民之公愤，但一晃五十年，举国上下复仇之念几乎消失殆尽。皇帝当与朝廷重臣抖擞精神，痛诉丑虏之恶，使民众视国耻为己耻，上下一心，则大事可图。

第二，改革政治，医治时弊，使国家焕发活力。太祖时建立的高度中央集权体制，扼杀了地方政府的活力，造成了干强枝弱的弊病。只有打破成规，权力适当下放，才能枝干俱强。

第三，精选将领，改革军政，提高将领军事指挥作战能力。宋朝为了杜绝五代时武人割据擅权的弊病，以儒立国，重文轻武，致使文武之道不能统御一身。故培养人才时应提倡文武兼修，文韬武略俱全。

陈亮的言论大胆否定了祖宗家法在现实意义上的合理性，听得这些审察官相顾骇然，都堂审察的闹剧就这样结束了。这些审察者以"秀才说话耳"回复孝宗，使陈亮多年的经世心血付之东流。

都堂审察后，又是漫长的等待。陈亮按捺不住，一口气写了《上孝宗皇帝第三书》，用慷慨激烈的口气直陈朝廷弊端，希望孝宗能够振作精神，纳谏如流，内修政务，外驱金虏。接着回顾了都堂审察的过程，说国家大计需要亲自面圣陈述，非等闲之辈可以洞悉。最后，他反复剖析了两入太学、三奏朝廷的良苦用心，并说自己绝非为了博取功名，如果三天后仍无消息，就归隐田亩之中。

陈亮先是得罪了皇帝身边的权臣，再加上他一贯对朝政颇有微词，大肆议论、批评朝中大臣，触犯了众怒。所以，当孝宗刚在朝中露出想擢用他的端倪时，反对者就跳出来一起围攻、诋毁。奏疏既上，朝臣商量，欲授他一官半职以搪塞朝野视听。陈亮得知后就说："我想为国家开基业，难道是为了博得一官吗？……大丈夫做事自有深意，难与诸人言说，也难免被人毁谤。"可见，他对于这样的结果极其失望，立即渡江还家。

一位名叫吕皓的同乡，写信嘲笑陈亮伏阙上书犹如"人不我问，吾牵裾而强告之；人不我求，吾蹑门而强售之"，把读书人的清高丢尽了。面对讽刺挖苦，陈亮心中愤懑，却无法辩解。对方却又轻描淡写地说，他只是开个玩笑，你心中无愧，何必当真呢？陈亮反复思虑后回复：我自认为上书之心皎然如日月在上，终不可诬。也许你们现在误解我的心灵不够洁净，但终有洁净的时候；也许你们现在还不能理解我，但终有了解与信任我的时候。

这次失利，对陈亮无啻重创。他虽然潇洒地走了，内心却相当苦闷，在给吕祖谦的信中袒露了心声：本希望通过科举考试获得一官半职，但此路不通，想就此放手去做其他营生，又担心机会来时没有做好准备；欲躬耕于南亩，又担心从此成为农夫，永无出头之日；想在读书、闲暇中度过余生，又清楚此非所愿；想借酒浇愁，叫嚣张狂，又觉得不合时宜。每想到前途，心中满是凄楚和伤痛，"或推案大呼，或悲泪填膺，或上发冲冠，或抚掌大笑"。从此后我才知道为人要有"克己"的功夫，并且合乎中庸之道是多么困难，可惜我不是圣人，不易办到。吕祖谦多次作书慰问，用《荀子语录》勉励他抑怒涛为伏槽安流，心胸开阔，从容自怡。

师友交谊

淳熙五年（1178），叶适在省试和殿试中脱颖而出，一举中了榜眼。六月，他在荣归永嘉省亲途中携带吕祖谦的书信、香茶等物拜访陈亮。除吕祖谦外，陈亮与叶适的关系最密切。两人个性不同，陈亮才气超迈，特立独行，颇有狂放之气；叶适则脚踏实地，沉稳而谦恭。在学术思想上，两人则同中有异，各有千秋。淳熙五年以前，叶适在思想行径上，跟随陈亮，亦步亦趋；淳熙五年以后，叶适接受吕祖谦"其智愈崇，其礼愈卑"的功夫，在处事上改走温和路线，不露圭角。多年来，二人一直书信不断，多次互访，相互切磋，相互扶持，成为亲密无间的挚友。叶适归家不久，其母杜氏就撒手西去。陈亮作《祭叶正则母夫人文》，寄托哀思。

随后，陈亮又给吕祖谦修书一封，倾吐心中因科举不利而郁积的块垒，盛称他为海内唯一知己，希望他对叶适多多提携。吕祖谦写信一再宽慰陈亮，说世间事往往难尽如人意，当多保重。十月，吕祖谦来信诉说心中苦闷，说朝中一些朋友，像陈傅良、石天民等最近纷纷离职，至交散落，欲去不能，心中颇不适意。陈亮答书劝说，认为二三小臣去来，无关国体，鼓励吕祖谦安心在史馆任职，又谈论了归园田居、经营产业的乐趣。吕祖谦来书，劝勉他不要陷溺于田间营生，认为经营农事虽伸缩自如，灌园治产也轻车熟驾，但如果热衷于此道，于己不好，要适可而止。二人互助友爱，坦诚相见，实为良交。

淳熙六年（1179）正月，吕祖谦以中风故，请辞，回金华养病。五月，买宅于婺州城西北隅，与唐仲友为邻，将原居归官。他修书一封告知陈亮，又品评陈亮四铭皆妙，而《喻夫人志》笔势纵放，实天下之奇作也，称赞陈文"横飞直上，凌厉千载之表，真可谓大矣"。淳熙七年五月，陈亮与许居厚结伴前往拜访吕祖谦。后来，吕祖谦致书陈亮，感谢他的来访，述好友张栻之早逝，倾诉内心的巨大悲痛。这一时期，陈亮还与郑伯熊、薛季宣、陈傅良等永嘉学者有密切的交往，经常书信往返，辩学论道。

夏天，郑伯熊担任建宁太守，途中经过金华，陈亮听说后，特意赶去与他相会，置酒共饮，促膝谈心，其乐融融。后来，巨、婺二州夏连秋旱，溪水断流，土地龟裂，禾苗干枯，带来严重的饥荒。陈亮忧心如焚，给周必大参政写了一封信，希望他能想方设法，解救灾情，使天下均被其泽。后来陈亮又找县尉吴成运，建议其赶办荒政，把永康的商品运往苏杭出售，把杭嘉大米运回来，缓解饥民无食之忧；还出面把普明寺三百多亩土地作为"义田"，筹谷三百石建成"社仓"，荒头借谷，秋还加息，使龙窟、太平一带"有灾无饥"。

秋天，陈亮再次到永嘉与诸学友相聚，还捎去吕祖谦致叶适的书信。他约了居家守制的叶适、许及之和罢官在家的陈傅良等人，济济一堂，探讨学术。离别时，大家在江心屿为他设宴践行。他面对着瓯江上的点点白帆、翩翩海鸥，不禁词兴大发，赋《南乡子》一首，抒发依依不舍之情。陈亮归家后看到庭中木槿枝繁叶茂、含苞怒放、灼灼有华，益发慨叹花开花落年复一年，岁月流逝，年华易老，功业难成。他非常牵挂在家养病的吕祖谦，就寄书信和《桂枝香》二词予好友。吕氏复书说"城隅穷巷，落叶满庭，亦无异游山"，并约他进城晤谈。自吕氏闲居养病后，就有更多的时间与陈亮交流，两人交谊尤深。陈亮觉得吕祖谦致仕后对他特别好，从待人接物到学术思想是知无不言、言无不尽，是他最大的慰藉与依赖。然吕氏的风痹之症不断加重，令他深忧。

淳熙八年（1181）七月，正值英壮之年的吕祖谦卒于婺州。噩耗传来，陈亮悲痛欲绝，匆忙前往痛悼。九月，他又亲自摆设香烛茶酒祭奠亡友，并写了《祭吕东莱文》，沉痛地表达了对吕氏的无限眷恋与怀念，高度评价了其一生的学术思想。吕祖谦生前一直斡旋于各派间，以海纳百川的胸襟促成一次次学术交流盛会。陈亮与吕祖谦为至交，吕祖谦与朱熹又为至交。但陈、朱大异其趣，都缺乏吕氏兼容并包的学术涵养。吕氏最了解他们学术思想的精华和缺陷所在，曾极力调和，希望他们能有机会在一起互相交流，取长补短，更上层楼。吕祖谦的猝然长逝，使浙东学术的一面大旗轰然倒下，对陈、朱来说都是不可估量的损失，不过同时也拉近了他们的心理距离，在机缘遇合下互相倾吐对亡友的痛悼之情，谈论一下国家大事，何尝不是一种心灵的慰藉。

至于陈亮和陆九渊，因学旨相对，势同水火，无话可讲。陆九渊非常佩服吕祖谦的学问人品，以师礼相待。吕氏欲调解两人学旨，曾对陈亮说，陆九渊每见吾兄文章，开阔轩豁，甚欲相聚。但陈亮却不置可否。陆、陈二人气宇轩昂，表面上时有雷同之处，都是一元论者，主张"道"在艺中，但所求之"道"内涵大异，一主心性之理，要向内寻求，"澄坐内观"，一主事物之理，需向外探求以经世致用；陆宗孟，主张法先王。陈亮最推重王通，主张因时制宜而法后王。两人在立论上势不两立，互相排斥，自然不能实现吕祖谦的愿望。

结交朱熹

淳熙八年（1181）九月，朱熹提举浙东常平茶盐公事，负责赈济灾荒。淳熙九年正月，视察武义县，顺道去明招山哭祭吕祖谦，陈亮前往相会，一起怀念逝去的挚友，商讨浙东面临的危机，各自新颖的思想见解和不俗的言谈举止，使彼此都有相见恨晚之意。他们边走边谈《文中子》，虽在"权义举而皇极立"的观点上有重大分歧，但却丝毫不影响友情。他们不知不觉中游历到永康龙窟，临别时两人都不胜惆怅，只觉得意犹未尽，不忍离去。两个思想性格都极不相投的人，却能一度合到一处，并有过一段相当不错的交往，盖得力于吕祖谦生前的介绍与促成。陈亮的学说理论一贯，俨然代表浙东学派的思想，形成一种实用功利之学。吕祖谦去世后，胞弟祖俭成为吕学的领军人物，其理学根基不如兄长深厚，遂一面倒向陈学，与门人潘景愈、孙应时、路德章等公然以功利之学相标榜，与陈亮唱和。朱熹在巡游过程中，从学士大夫游，已感受到了事功思想的强大生命力对理学是一种无形的压力。

别后不久，朱熹就派人送书信和《战国策》《论衡》及自注《田说》给陈亮，并邀请他与陈傅良一同前往官舍相聚，叮嘱陈亮把《类次文中子》带来，信中有"别后郁郁，思奉伟论，梦想以之"之语，可知朱熹对前次聚会的深切怀念。陈亮一向推崇隋代王通，自视甚高，而朱熹的妙论常出乎他的意料，使他眼界大开。他在回信中称赞《田说》等文中有许多可供现实政治参考的智慧，又说就当前形势来说，只有实行大刀阔斧的改革，才能建立不朽的功业。后来，他特意写了十篇杂论，先寄五篇给朱熹评议。朱熹认为新论奇伟不常，真所创见，然未敢遽卜评语。陈亮又寄五篇，朱熹读后认为其中的济世之心过于急切，若存心为私，流弊则极大，但陈亮却认为朱熹"援溺之意"不够。二人由于理论观点不同，在书信中的见解屡次发生出入，逐渐拉开了义利王霸之辩的序幕。

朱熹在出巡台州途中遇流民两批，风闻知府唐仲友在任期间不公不法之事颇多，就上书弹劾，并在深入调查后连上书五道，弹劾其违法乱纪、贪污受贿之事，产生了极大的社会效应。因陈亮与唐氏之兄为连襟，朱熹私下认定他会为唐求情，故有意回避。事后论及此事，陈亮说朱熹为正人君子，可能是误听奸人挑拨而弹劾唐氏，并表示平生最不会挑拨离间，道人是非。像这样的事情，自己绝不会插嘴，完全由朱熹决定。朱熹回复说："我接到你的来信，才知道你以义胜私如此，真不愧是一世豪杰。而我以通常人情对你妄加猜疑，实在心中有愧。"冬天，朱熹因弹劾唐氏事而请辞，在武夷山五曲溪畔建造精舍，收徒讲学，著述论学不辍。陈亮一生坦白磊落，虽珍惜与朱熹的友情，但却不自附门墙，学术人格孑然独立。他在私交方面对这位学术前辈礼数周至，每遇朱熹生辰时，都有词寄贺，并成"每岁常礼"。

江湖之忧

陈亮经过十余年的辛苦经营，不仅赎回祖业，新置园地四十亩，而且在京口购得别墅。至于财产的来源问题，显然光靠平日束脩之资是完全不可能置办这些家业的，经商和高利贷的可能性比较大。可见，他不仅长于议论国家方略，而且在日常生活中也能很好地践履功利实学，有效地解决家庭生计问题。他在与朱熹论辩期间，聚了二三十个小秀才，边授徒，边修整园圃。在曾与朱熹对坐的地方，横接一间房屋，题名为"燕坐"。在与此相距十几步的对面，建起三间柏屋，题名为"抱膝"。陈亮把秋海棠移栽过来，周围种植竹子，中间掺杂几株梅树，又在前面的小池旁边种植桧树和柏树，使园子布局合理，环境清幽，以安度晚年。叶适、陈傅良均为其作《抱膝吟》诗，但他认为未能尽畅抱膝之意，故请求朱熹再作两首而被拒。

陈亮在抱膝斋东侧六七步的地方，用杉木造了一个大亭子，题名为"小憩"，三面临池，两旁种上黄菊，后面及中间种植桂花。越过小池十四五步的地方，有一大池，在大池上用赤水木造了三间堂屋，起名"赤水堂"，正对大池又设置了水帘子。大池约有三十亩，旁又有一小池，小池的旁边就是大路了。距离大路百步远的地方，有一棵七八十年的古松，大而茂密，赤水堂正对着它，所以又名"独松堂"。独松堂后有一间廊屋，中间种有大李子树，两边是小廊，分别通向"舫斋"，小廊两旁种植桃树。"独松堂"两旁有可作休息的小屋，周围种上竹子。"小憩"旁边的水池形状如同半弦之月，两边已造"抱膝斋"，东边就用樾木造一间六根柱子的亭子，题名叫"临野"。正西岸稍远的地方，用梓木造了一小亭，题名为"隐见"。再往西十步，建小书院十二间，院前有一水池，作为学生读书的场所。两个水池的东面，有祖传的田地。田地之上有小坡，辟园二十亩，在临近田地处建一小亭，题名叫"观稼"。陈亮计划将来还可辟一小园，现在因为力量不足就暂且种些竹子。陈亮的住房正对着小坡，房子的东北方，又有园二十亩，种植一些蔬菜桃李。他在努力营造一种"亭台楼阁旁柳絮纷纷，窗帘帷幕间燕子翩翩"的优美景致，虽颇费精神，但却乐在其中。

陈亮在乡间抱膝长吟的日子虽然逍遥自在，但他绝不甘心布衣终身。淳熙十二年（1185），他又振作精神，赶赴临安参加进士考试。不幸的是，他在考试前夕不幸感染恶疾，坚持带病答题后就匆忙捎信给家人，在弟弟们的接应下，他回到家中，卧病不起，经过一个月的治疗，才有所好转，但朝夕扶持的庶弟陈明竟不幸被他传染，得病而亡。不久妻儿们也相继病倒，轮番遭难。陈亮在入夏后脚气病又严重发作，他备受煎熬，慨叹老天不公，命运多蹇。此时，陈亮所熟识的王淮在朝中任相，陈亮遂将叶适推荐于他。冬天，朝廷就召叶适为太学正，命其赴京就任。

淳熙十三年，朝中大臣章德茂奉命出使金国，祝贺其万春节，陈亮对章德茂侍郎寄予厚望，称赞他是对敌斗争的能手，在金人面前必定会显示炎宋大无畏的威仪，并写词《水调歌头·送章德茂大卿使虏》为他送行。陈亮一生布衣，空有一腔豪情、满腹才华，却始终英雄无用武之地，只能寄希望于这些在朝中的当政者振奋精神，投入中兴宋室的大业中去。此年，朱熹与陈亮恢复通信往来。陈亮又寄寿词一阕，为朱熹祝寿。

朱陈之辩

淳熙十一年（1184）春，陈亮曾被牵连入狱。朱熹听说后觉得这既与陈亮豪放不羁、特立独行、不拘小节，自外于礼法、个人德性修养上的欠缺有关；又与他推崇汉唐英雄的事功，崇尚功利，价值观念上的偏差有关。于是朱熹写信给陈亮，劝他借此教训，从培壅本根入手，加强道德修养，惩忿窒欲，迁善改过，痛加收敛，放弃义利王霸并用之说，以"醇儒"之道约束自己。陈亮读后思潮起伏，感慨万千。他视朱氏为挚友，却没料到他丝毫不了解自己，并对自己抱有很深的成见。因此他觉得必须讲明一切，澄清事实，亮出自己的旗帜。最好能说服朱熹，由他登高一呼，带头来纠正对儒学的误读，使世人不再好高骛远去追求不传之绝学。陈亮酝酿了一番，针对朱熹所言从三个方面加以辩解陈说。首先，告知他自己入狱之缘由及入狱和自己性格的关系；其次，详述与吕祖谦的交谊，更正朱氏误闻；最后，辩明自己的思想并非是"义利双行，王霸并用"，而是自有逻辑。

他们的学术思想毕竟相差太多，随着了解的不断加深，分歧更加明显，两人终于公开交锋。朱熹本来好辩，耻于后人；陈亮寸步不让，不甘示弱。他们唇枪舌剑，明斥暗指，争辩激烈。这段时间里，他们就各自来信主旨，句句演绎剖析，咬文嚼字，力求驳倒对方。一场轰轰烈烈的王霸之辩开始了，声势之大，历时之长大大震动了思想界。虽双方思想交战激烈，但这并不影响彼此的交情。陈亮在论辩之余，也不时地细说近况，讲述了教书治圃、凿池建屋的忙碌生活，娓娓道来，很有一番闲情雅趣。

事后，陈亮将与朱熹往来论辩的书信誊写下来寄给陈傅良，请他评价。陈傅良对双方争执的论点的态度虽是不偏不倚，但此时他正醉心于陆学，注重涵养，所以就认为"朱丈占得地段平正，有以逸待劳之气"，而陈亮心高气盛，"跳踉号呼，拥戈直上，而无修辞之功，较是输他一着也"。而且，陈傅良认为二人的学说都有不尽完善的地方，并加以总结。他将陈亮之说概括为"功到成处，便是有德；事到济处，便是有理"，如此，则三代圣贤枉作功夫。而朱熹则是"功有适成，何必有德；事有偶济，何必有理"，如此，则汉祖唐宗贤于盗贼不远。陈亮看后很不满意，就对陈氏说，自己与朱熹辩论，在己是为天地日月雪冤，在朱熹则是为二程支撑门户。陈亮认为陈傅良的评价"非二十年相聚之本旨"，并将论战材料全部寄去，叮嘱其仔细斟酌后再下结论。陈傅良不得已又作了一番考虑，回复道：汉唐与三代治世不是本质上的差异，而是程度上的不同。陈亮之论的确是"颠扑不破"之理，朱熹"何尝敢道老兄点当得错"，他认为"汉唐事业"毫无历史价值可言，教谁肯服？这次，陈氏站在陈亮的立场讲话，更倾向于事功之学。

朱陈之辩，结果是留下学界的一桩公案，并无结论。吕皓曾经将二人论辩书信抄写下来求证于叶适。而叶适认为徒在思想理论上争辩，各持一理，只有优劣而没有是非，循环往复，永远得不出定论。浙东功利思想的价值在实际运用上，既无用武之地，便转到与当代显学争是非，已落入事功之学的第二义，纯赖理论的争辩，容易演成意气之争。所以他对此也不加任何评价，避免和朱子在笔墨上争是非，转而默默地从经籍制度上来发挥浙东学派的理论。淳熙九年至十三年间的王霸之辩，也使叶适在学术研究上转出了新方向。

戊申上书

淳熙十四年（1187）八月一日，陈亮在家养病，收到章德茂侍郎的书信，内心很是感动，在回信中表达了对章德茂的崇敬仰慕之情和不尽感谢之意，还谈到永康乡间的旱情及对朝廷中文恬武嬉、苟且偷安之现状的痛愤。他反复陈说自己于国家大事始终未能忘怀，并将祝寿词《丁未寿朱元晦》《好事近》等四首及陈傅良的《寄陈同甫生日诗》抄录寄去，请章侍郎评定，还约定于十月八日到临安，登门拜访，畅谈自己的想法。十月，高宗驾崩，陈亮认为阻止北伐的绊脚石消失了，正是推动抗金事业蓬勃发展的大好时机，打算抓住机遇，采取一些爱国行动。他特意跑到金陵、京口一带观察山川形势，以明敌我交战攻守之势，为再次诣阙上书做好准备。当他登上京口北固山多景楼时，见山河如天地设险，鬼斧神工，感慨万千，遂作《念奴娇·登多景楼》抒发欲长驱中原、收复失地的豪情。

淳熙十五年（1188）四月，陈亮再次到临安，上书孝宗，慷慨陈述复仇之义，激励孝宗恢复失地，是为《戊申再上孝宗皇帝书》。在奏疏中，他先具体地分析江南、淮东一带的有利地势，指出金朝内部矛盾进一步激化，政局动荡不安的现状；接着谋划反攻图进的大计，建议孝宗断然与金决绝，震动天下，鼓舞士气，推动抗金高潮的到来。针对当时"江南不可保""长江不可守"等投降主义谬论，他说金朝只有海路可以直达吴、会，然海道艰险，江浙一带善于使船弄桨的渔民都视之为畏途，况且不习水性的金人，他们岂敢以轻装部队草率而来？何况要攻下别国疆土，仅用轻装部队是不行的，因此江南可保；京口、建业乃天设险要之势，不仅便于防御，而且可以凭借有利地形进攻敌人。江边一望无际的开阔地带，本来就是文官武将施展本领，同占据中原的敌人争强斗胜、建功立业的好地方。只要因势制宜，利用淮东地区的有利形势，自可守御疆土，南北和议就不必守。如果一一构筑工事防守淮东，分兵守卫，设置险塞，那就像兔子守窝那样，兵力分散，反而会给敌军造成长驱直入的机会。其次，陈亮说，魏晋南北朝时期，南方的军队多次挥师北伐，北方的军队也多次出兵南征。南北互相通和的情况极少见，但局势从来没有像今天这样紧张，只要宋、金一天不和，朝廷上下就慌得朝不虑夕。这是在灭自己的志气，长敌人的威风。南宋虽偏安一隅，然尚为千里之国，岁币贡银源源不断输入金国，岂不是强敌弱己？金国已兴八十年，统治者内部互相残杀，祸乱不断，已非昔日之强大了，这是有目共睹的事实。今天仍把他们看成致命的祸害，怕得要命，这岂不是大错特错了？最后，陈亮在全面分析天下的形势后，雄辩地提出中心论点：江南不必担忧，和议不必奉行，敌人不必畏惧，而那些书生的意见是不值得引以为据的！

这封奏议高屋建瓴，气势不凡。一开始就直奔主题，强调人事的重要性：只有非常之人，才可以建非常之功。反之，想求得不寻常的功绩，却选用普通的人，用一般的方案马马虎虎去做，谁都知道是不会成功的。中原是圣贤们创建、经营天下的地方，上天赐予宋朝完整的国家，可今天却有一半沦陷在金人手里，这是统治天下的人所应当感到耻辱的。随后，他以春秋史事激励孝宗挥师中原建功立业之壮志：春秋时，齐襄公要替九世祖齐哀公复仇，灭掉纪国，而我们现在才第二代就不再过问复仇之事。秦桧以和议贻误国家，使得天下的抗金士气在几十年内消失殆尽。陛下有慨然统一天下的志向，使天下有志之士明确了方向。可是因为高宗年事已高，陛下不想用大规模的战争举动来惊扰他，行止恭敬以尽奉养之道。但难道忍心让二十年来努力振奋起来的抗金士气，一下子再消失得干干净净吗？天下是不能坐等的，打仗也不能用常计取胜，挥戈策马、北向征战也不是年高德尊的人所能胜任的。他建议任命太子为抚军大将军，出来为国家建立功业，激励民心。而孝宗则在守孝之余调度人才，随机应变，决断于帷幄之间。

当时已是花甲之年的孝宗在位已二十多年，即位之初的雄心壮志早已被无情的岁月冲刷得无影无踪了，哪还有北定中原的豪情呢！他厌倦了政事，正在打算将历史重担转交给太子，自己也像高宗那样安享晚年。因此，陈亮的上书，如石沉大海，无声无息。以孝宗之贤明，以陈亮的胆识，结果依然君臣难合。五月下旬，朱熹到达临安，与陈亮相见，对当前的局势也是一筹莫展。在临安滞留二十日后，陈亮渡江而归。他的奏书，虽然没有引起大的反响，但其奔走呼号，矢志抗金的英豪形象却在人们的视野中越来越清晰。

陈亮的上书，表达了一个对国家和民族抱着深厚感情、对腐朽的宋朝抱着一线希望的爱国知识分子的"经济之怀"，但是对于已经病入膏肓、行将就木的南宋来说，无疑是毫无用途。南宋要光复中原，亟须陈亮这样的人才，而他的抱负多次落空，可知社会文弱之弊积习已深，豪杰志士，备受排抑。南宋的政界，由于他主张恢复中原而讨厌他；南宋的学界，由于他公开与理学对抗，痛恨他。

以词会友

陈亮为人豪迈，交游广泛，一方面与学界名人谈学论道，另一方面喜欢结交天下豪杰之士。他与辛弃疾的政治观点一致，抱负相同，又同是爱国志士，忧国忧民之情相通。两人长期友好往来，志同道合，每次相会，都会针对南宋时局进行深入细致的交谈，在抗金事业上有共同语言，是相互信任、支持、鼓励的战友。

临安会面后的很长一段时期里，陈亮曾多次写信给辛弃疾，表达思友之情。辛弃疾也曾向有关人员详细询问陈亮的情况，并计划亲自到永康拜访他。关于他们的交往，还有一个有趣的故事：陈亮仰慕辛弃疾的大名，骑马前往拜访，快到时多次扬鞭策马，马却不前。陈亮于是挥剑斩断马头，徒步而走。辛弃疾恰在楼上目睹这一幕，惊讶不已，派人询问，陈亮已到楼下。互报姓名后，两人一见如故，定为知交。后来辛弃疾在淮带兵，陈亮过访，畅论天下大事。宾主筹觥交错，聊到兴处，辛弃疾就对陈亮述宋、金作战策略，说杭州不宜作帝都，断牛头山，可拒天下援兵；决西湖水灌城，城毁人亡。半夜，陈亮担心会因无意洞悉辛弃疾的军事机密而被灭口，于是偷骏马而逃。后来，他写信给辛弃疾，提及是夜醉谈之话，并借钱十万缗以援已贫。辛弃疾如数拨付。元人宋无曾据此吟诗云："斫马徒行气不群，定交十载酒边文。醉中失口江南事，聊赠先生十万缗。"辛、陈二人同为南宋名杰，笔记小说将二人的结识点染得颇富传奇色彩。当然，这个故事显然是街谈巷论渲染附会而成的，但也从侧面说明陈亮在世俗人眼里之"狂怪"。

淳熙十五年（1188）冬，陈亮冒着严寒到江西上饶拜访辛弃疾，并在出发前又与朱熹约定在福建、江西交界处的紫溪相会。他的到来让身体欠安的辛弃疾喜出望外，觉得病魔仿佛一下子就消失了。二人握手言欢，谈笑风生，共饮瓢泉，同游鹅湖，指点江山，激扬文字，好不逍遥痛快。不知不觉中，已过了十天。这期间，他们曾到紫溪等候朱熹，欲共商北伐大计，然而朱熹推托身为一介文人，担当不了抗金大任，故爽约不至。陈亮在遗憾之余，毅然东归。辛弃疾意犹未尽，在第二天上路追赶挽留陈亮，匆忙赶到鹭鸶林，大雪覆盖，道路泥泞不堪，寸步难行，只得作罢。是夜，辛弃疾填词一首，高度评价陈亮的爱国情感，巧妙地表达了深深惜别之情，并感叹国事的艰难，堪称名作。

把酒长亭说。看渊明，风流酷似，卧龙诸葛。何处飞来林间鹊，蹙踏松梢微雪。要破帽，多添华发。剩水残山无态度，被疏梅，料理成风月。两三雁，也萧瑟。

佳人重约还轻别。怅清江，天寒不渡，水深冰

合。路断车轮生四角，此地行人销骨。问谁使，君

来愁绝？铸就而今相思错，料当年，费尽人间铁。

长夜笛，莫吹裂。

词首叙驿亭把酒话别之情，把陈亮比作隐居的陶渊明和
诸葛亮，盛赞他像陶渊明一样淡泊明志、洁身自好，像诸葛
亮一样博学多才、足智多谋。不知从何处飞来林间鹊，踏落
松梢的积雪，落在词人的破帽上，引起他对满头白发、报国
无门、岁月蹉跎的感叹。冬日原野没有生气，几枝疏梅，点
缀风景。天空掠过两三只大雁，更显得凄凉萧瑟。下阕回叙
别情，"佳人"喻指陈亮，既赞扬他重约来会，又微怨他急
于回归的轻别。令人惆怅的是因天寒，清江水深冰合，行人
无法渡过，雪深泥滑，道路艰阻，车轮像长了角似的不能转
动。在这种时候离去，叫行人销魂蚀骨。设问是谁使君来愁
绝？不仅是离别，更主要的是国家危亡的形势和不被朝廷重
用的现实。这次相会，犹如费尽人间之铁，铸就人间相思
错。夜深人静，长笛声声，更激起词人对好友的无限思念。

陈亮读词后，备受鼓舞，步此调，和词一首寄辛弃疾，
表现了对中原人民数十年来在金人蹂躏下的悲惨处境的深切
关注，对朝廷奉行苟安妥协的投降主义路线的谴责，抒发了
岁月无情流逝、英雄易老的感慨，讴歌了彼此间志同道合、

高山流水般的深情厚谊。

　　淳熙十六年春，辛弃疾再用前韵和了一首《贺新郎》，赞扬了陈亮远道前来共商抗金大计的爱国热情，说明收复失地知音缺少的社会实情，倾诉了两人建立在共同理想上的战斗友谊，最后发出"看试手、补天裂"的豪言壮语，表述收复中原、统一祖国的雄心壮志。

　　陈亮又用原韵和了两首《贺新郎》，一词怒斥投降派的无耻论调和苟且偷生的不齿行径，表达了坚持北伐收复中原的决心，期盼着共同努力，开创抗金新局面，打如东晋淝水之战那样轰轰烈烈的胜仗。一词生动地追忆了鹅湖相会共商大计的情景，发出了年华易逝、事业无成的感伤，诉说了世路艰难、知音者少的愤懑，倾吐了对挚友情才远识和崇高品格的赞美之情，表达了再次相聚共商大计的心愿。

　　辛、陈在别后以会面所见所感为题材，相互唱和，词作立意高远，构思奇特，议论风发，感情真挚，既唱出了爱国志士的壮烈心声，又显示了两人诚挚深厚的友谊，虽然在艺术上不无瑕疵，但仍是不可多得的英雄乐章，一时在文学史上传为佳话。此次相聚，尽管没有达到预期的目的，但他们以拯救天下为己任的忧国忧民情怀及彼此间真挚纯洁的友谊，委实令人钦佩。

两次入狱

关于陈亮遭遇的牢狱之灾，有三次和两次两种说法。经过邓广铭教授的严密考证，得出的结论是两次。

淳熙十一年（1184）春，陈亮被牵连入狱。事情的起因是乡人吕约父子与卢家因不满百钱而发生争议，卢家嫉恨之余罗织罪名报复。吕约生性豪放不羁，数年前曾与妓女在酒后胡闹，醉中将妓女呼为妃子，并在别人的撺掇下戏拜他人为左右二相，演出了一幕闹剧。醉后戏言，本无关紧要，却被卢家诬以狂悖叛逆之罪，被捕入狱。经过不少曲折，案件最终明了。不料卢父病死，卢子遂诬陷吕父在乡宴中毒杀其父，因陈亮正巧与吕家一起赴宴，遂被诬告牵连入狱，饱受折磨。

此前，朱熹为浙东提举时曾严厉弹劾台州知府唐仲友，引起唐氏亲友王淮的反感，故暗中指示其党徒上疏反对理学。淳熙十年六月，监察御史陈贾、吏部尚书郑丙上疏言理学假名济伪之弊，孝宗下令严禁理学。朝廷内部各派势力互相倾轧，理学家也卷进了这场斗争。陈亮因素与吕祖谦交好，后又与朱熹交往，就不幸撞在枪口上，被当作理学先生重治，蒙受了天大的不白之冤。陈亮蒙冤也与乡人嫉妒他家境好转有关。他青年时穷困潦倒，中年时却广治产业，生活富足。旁人猜忌他与曾在浙江为官的朱熹勾结在一起，借其势力索贿。于是，官府百般推寻，罗织罪名。这一次，官府便因陈亮乡人诬告，不加查探就将他下狱了。

陈亮的妻弟何大猷，弟子喻侃、喻南强等人都四处奔波，想方设法营救他。尤其是何大猷，不停奔波于杭州、义乌间，几乎天天都要渡江，好几次都差点翻了船，他也无怨无悔。庶弟陈明则始终陪伴陈亮，左右扶持。喻侃平日就对陈亮之学深信不疑，老师被诬入狱后更是义形于色，奔赴永嘉叶适处为老师诉冤，叶适赞叹他是真义士，作书数通，让他拜谒诸台官，为老师开释。又有丞相王淮出来主持公道，为陈亮开脱；加上吕约之弟吕皓四处申冤，又上疏孝宗，愿捐弃新任官职，救赎父兄之罪，孝悌之义令孝宗感动不已，立即下令查清冤情，释放无辜之人。五月二十日，吕师愈被释。二十五日，陈亮也重获自由。他遍体鳞伤，本打算深居简出，远离尘世是非之争，但因义乌妻家有要事需要他前去处理，只好在秋天前往。可他在返途中又遭遇凶徒劫杀，虽在家仆的掩护下侥幸脱离虎口，但事后心有余悸，遂将此事诉于状纸，告于州县，希望能够主持公道，结果不了了之。他在伤心失望之余，对凶险莫测的人生感慨良深，颇觉世途日狭，自己如身处荆棘丛莽中，动辄得咎，无法安身立命。

淳熙十六年（1189）二月，宋孝宗禅位于太子赵惇，自称太上皇。陈亮到金陵会见好友章森，又在京口买了一幢别墅，打算今后隐居这里，借这个地广人密之闹市以藏拙浮沉。他又写《满江红·怀韩子师尚书》，激励抗金名将韩世忠之子韩子师继承父辈的抗金遗志，关心国家复仇中兴的大事。秋天，陈亮再一次为病魔所困，卧床不起，昼夜不能安息，生活不能自理，一直持续二十多日，才渐渐有所好转。光宗绍熙元年（1190），丘宗卿奉命出使金国，向金主祝寿。陈亮填词《三部乐·七月送丘宗卿使虏》，勉励他为现实政治清明担当重任，出使归来，要向皇帝提出抗金建议，促使国家归于统一。面临外族的入侵，他旗帜鲜明，坚持抗战，善于用辞章来激励大家的抗金斗志，团结周围的爱国人士，一致对金。

十二月，祸不单行，多灾多难的陈亮又一次被诬下狱。事情的缘由是家僮吕兴、何廿四在永康境外打死了吕天济。吕天济早年曾侮辱过陈亮之父，故死前认定是陈亮为复仇而雇凶杀人。吕家立即向官府起诉陈亮。县令将案犯吕兴、何廿四抓获，严刑逼供幕后主使。这二人虽饱受折磨，却始终未屈打成招。于是，官府就在没有确凿证据的情况下将陈亮也收监。此案并不复杂，实另有隐情，却使陈亮长期羁留狱中。第一个原因是乡人对陈亮的暴富有所猜忌。人们起初猜测他交通官府，索取贿赂，后来竟怀疑他暗地里打家劫舍，进行不法勾当。《陈亮集》卷二六《谢何正言启》云："同故旧之戚休，乃名'任侠'；通里闾之缓急，见谓'豪强'。欲为饱暖之谋，自速摧残之祸。"又，同卷《谢梁侍郎启》云："谓其豪强，处以任侠。……重以当涂之切齿，加之群小之凿空。"可见陈亮不能见容于地方，并为此付出了惨痛的代价。两次入狱，都和此原因不无关系。

第二个原因可能是陈亮之前因落第不满，大发牢骚而得罪过一个人。这个人就是何澹。绍熙初，陈亮参加礼部考试时，何澹以同知贡举的身份负责阅卷，暗中将陈亮黜落。陈亮心中不满，就对朝中老友说："我老了，今天反被小子所辱。"何澹听说后怀恨在心。陈亮被诬入狱时，何为御史中丞，权势方炽，因一己之私衔恨报复，从中作梗，必欲置之死地而后快。何澹还特意挑选了严酷吏员审问人犯，企图找出陈亮指使杀人的蛛丝马迹；又指使办案官员从陈亮家道复兴招人嫉妒入手，给他罗织上"豪强""任侠"等罪名。陈亮这次身陷囹圄真是凶险异常，亲朋故友能够出力营救者也很少。辛弃疾、罗点等人冒着生命的危险，竭力营救，才使之免于一死。尤其是罗点平生办事规行矩步，与陈亮素不相识，却本着天下之才天下人共惜之的思想仗义救人。他在一个夜深人静的雪夜，打点银两，前去贿赂那些办事的官吏，为陈亮延得一命，真可谓陈亮素未谋面的知音和恩人。

陈亮虽然得到了辛弃疾等人的倾力相助，但因对手过于强大，实际效果并不明显。绍熙二年（1191）八月，何澹的继母去世，不得已而退职奉忧，陈亮的案情才逐渐得以缓解。年末，大理寺少卿宋之瑞也因侍御史林大中弹劾而出任外郡，江西转运使郑汝谐转入任大理寺少卿。新官到任，审查积压案件，看到陈亮案卷，大为惊异说："此天下之奇才，国家若无罪而杀士，上干天和，下伤国脉矣。"于是主持公道，为陈亮洗刷了不白之冤。绍熙三年二月，陈亮出狱。朱熹致书慰问，并恳请陈亮为长子朱塾作墓志铭，陈亮寄去《祭朱塾文》。十二月，陈亮访朱熹于考亭，讲学论政，陈亮为作画像赞。

高中状元

如果没有那两次牢狱之灾，陈亮说不定会成为乡间的隐士，他的棱角也会被无情的岁月磨平。可是，人在江湖，身不由己。为了实现终生抱负，更为求自保，绍熙四年春，陈亮又去参加由礼部主持的进士考试。考试分三场进行。第一场是"经义"，题目出自《尚书》，在考试散场后，他就去找陈傅良，将破题的两句告诉了他。陈傅良听后觉得不妙，就笑着说："又休了！"陈亮一听，犹如被当头浇了一盆凉水。好在还有两次机会，需要好好把握。第二场的试题是

"勉强行道大有功论"，陈亮的破题说"天下岂有道外之功哉"。考后与陈氏交流，陈说："出门便见'哉'！然此一句却有理。"第三场是一道策问，陈亮开门见山道："天下大势之所趋，天地鬼神不能易，而易之者人也。"陈氏听后大加赞叹，并说："此番得了。"

果然不出所料，到了夏季，陈亮又有幸参加了殿试。策问题目是光宗所出，"朕以凉菲，承寿皇付托之重，夙夜祗翼，思所以遵慈谟，蹈明宪者，甚切至也"。当然，这只是一番套话，和当时的历史真相并不相符。这里的寿皇是孝宗。宋高宗无后，于是听从大臣劝谏，从太祖一脉众多后代中将孝宗选拔出来，立为太子，付以重任，最终又禅位于他。这些足以让孝宗感恩戴德，恭恭敬敬服侍终身。当孝宗禅位而退居重华宫中时，嫡子光宗自认为继承大统是天经地义的，缺乏父亲那样毕恭毕敬的孝心；再加上秉性悍妒的李皇后暗中挑拨离间，多次阻挠光宗按礼节前往重华宫朝谒。因此，自绍熙二年（1191）十一月后，父子隔阂很深，光宗借口身体有病而很长时间不请安。朝廷内部矛盾加深，国事艰危，群臣为促请光宗朝谒而费尽心机。陈傅良痛哭于庭，赵汝愚甚而引裾哀求，太学生也纷纷上书。绍熙三年十一月，叶适等上疏再次敦请，光宗不从。朝野内外，上自宰辅百官，下至布衣之士，或面奏，或上疏，都竭尽全力请求光宗履行人子应尽之义务。

陈亮面对这样尴尬棘手的问题，暗自揣摩怎样回答才能既合乎皇帝的意向，又能恰如其分地解决问题。他在策问中对答道："臣窃叹陛下之于寿皇，莅政二十有八年之间，宁有一政一事之不在圣怀，而问安视寝之余，所以察词而观色，因此而得彼者，其端甚众，亦既得其机要而见诸施行矣。岂徒一月四朝而以为京邑之美观也哉！"针对光宗不能按照正常礼节朝见孝宗的事实，笔锋一转避重就轻地指出表面上的礼节并不重要，作为人子，继承父辈遗志才是真孝。这些话语不仅极其直白地为光宗的不孝予以开脱，而且为光宗指明了道路：尽孝道并不在于外在的形式，关键是要善于养志，真正继承孝宗力图恢复的壮志。陈亮这一席话给了两位皇帝一个台阶，说现任皇帝对太上皇很尊敬，光荣地继承了太上皇勤政的传统，一心一意治理天下，把对太上皇的敬爱与尊重化为动力，落实在日常的政务处理中。至于那些早请示、晚汇报的虚名，皇帝不想去博取，太上皇也不喜欢。可以说是句句警策，令人奋发。这段话，两个皇帝看了都高兴，史书说是"闻之皆喜"。起初，阅卷官们向皇帝呈递名次时，陈亮名列第三。光宗看了这些有利于自己的正面辩解，心中很是欣慰，觉得陈亮善于处理父子之间的关系，就亲自提笔擢其为第一名。

总之，陈亮机缘遇合之巧，再加上多年的学问积累，顺利地通过了考试，状元及第。可见，他通达人情世故，确实善于曲中求直地处理父子关系。但是他这一席话也给时人及后人的指责落下了话柄，"挣得"了阿谀奉承的恶名。一些清高正直之士很不高兴，批评他丧失了知识分子的立场与原则。像危稹说："龙川上书气振，对策气索，盖是要做状元也。"这话说得虽然犀利，还算直率朴实。人们以为陈亮为中状元而不惜为光宗的不孝曲为回护，有辱他一贯正直伟岸的节操和品行。其实，陈亮这几句话的主要意思是说，只要宋光宗能够真正继承其父孝宗力图恢复的壮志，又何必每月四朝重华官而向太上皇请安，在繁文缛节上作秀以示孝心呢？古人履行孝道，贵在能够继承父政父志。如果客观公正地评价这件事，陈亮完全是从国家全局出发向光宗提出合理的建议与要求的，值得肯定。后来，光宗举办琼林宴，召见录取考生，并赐御制诗一首，陈亮当场和诗云："复仇自是平生志，勿谓儒臣鬓发苍。"以极为饱满的爱国热忱发出豪言壮语：不要说我头发已经灰白，北伐驱敌，复仇雪耻是我平生的志向。语言铿锵有力，表达了他为国效劳的夙愿和至老不衰的抗金志向。

　　按照规定，新科状元要被派辅佐帅幕，以备大用。陈亮被朝廷授予金书建康军节度判官厅公事的官职。建康为今南京，为龙盘虎踞之地。早在上《中兴论》时，陈亮就建议孝宗迁都建业。在他眼里，这是一个能开创基业的好地方，大展宏图的时机终于来到了。陈亮高中状元后，寄书与词给朱熹。朱熹回复说："老兄志大宇宙，勇迈千古，伯恭之论，无复改评。"此时，正在福建任职的辛弃疾听到喜讯后，写《破阵子·为陈同甫赋壮词以寄之》以贺，与他共勉。

陈亮在临安拜谒了一系列的朝廷官员后，就衣锦还乡，荣归故里。弟弟陈充更是欣喜万分，前往永康县境翘首迎接。兄弟二人拥抱在一起，喜极而泣。阅尽世间荣辱，历尽千辛万苦，终于圆了几代人的梦想。陈亮也感慨多年心血没有白费，展望未来，前途一片光明。他对弟弟保证，如果将来仕途亨通，那么将最先让他受到恩惠，这样二人也能面上有光地见先祖于黄泉。这年秋天，他携带妻小祭奠先祖及父母。接着，陈亮礼节性地拜访了亲友，然后准备静下心来，颐养身心，为明年前往建康赴任做好准备。

他一生奔波，勇于行道，与祸患结下不解之缘，遭尽摧残，多方催败，暮气早见，到晚年已是神疲力绌。因而，当他的身心真正松懈下来时，无情的病魔就降临了。虽然他以前也经历过疾病缠身的苦痛，但都吉人天相，化险为夷了。然而这次却好像是凶多吉少，病榻上的陈亮愈渐虚弱，自知来日不多。回顾一生的行迹，坎坷曲折，险象环生，平生所学，也毁誉参半。现在撒手西去，虽无愧于心，但一片赤诚报国之志却难明于世。绍熙五年（1194）正月，陈亮在弥留之际，嘱托叶适撰写墓志铭，并与他约定：如果所撰墓志铭不能真实反映自己，定当在虚空与他争辩。不久，他就赍志以终，穿着朝廷的命服见先人于地下，终年五十五岁。矢志不渝的他到底没能看到"王师北定中原日"，这也是南宋爱国志士的深深遗恨！

关于陈亮的死因，叶适说是疾病缠身，"精泽内耗，形体外离"。而元方回却在《桐江集》说是陈亮当上状元郎后衣锦还乡，相中了一个桶匠之女，百般刁难，要求桶匠做方桶。桶匠忍无可忍，遂将他杀死。这个故事纰漏很多。清人全祖望认为，方回是个反复无常的无耻文人，他说的话不能信。邓广铭教授也认为，一个状元郎想得到桶匠之女，要威吓利诱，似乎不缺更有效的方法。这些说法也不无道理。

陈亮卒后，他的儿子、女婿前往朱熹处求墓铭。因朱熹此时已封笔，就只题"有宋龙川先生陈君同甫之墓"十二字。宁宗嘉泰四年（1204），陈亮之子沆将其遗文编为《龙川文集》四十卷，请叶适作序。嘉定七年（1214），婺州太守丘侯真长刻之于州学，叶适又为之作《书龙川集后》。理宗端平元年（1234），乔行简上书为陈亮请谥，认为陈亮在南宋渡江宴安之后，首劝孝宗修祖宗法度，立恢复中原之基，伸张大义，报仇雪耻，对国家忠心耿耿，实为天下之士。理宗从其请，追谥为"文毅"，并授其一子官职。南宋末年，有人将陈亮和叶适的文章选校后，编刻了《圈点龙川水心二先生文粹》。陈沆编订本到明宪宗成化年间已残缺不全。这时陈亮的故乡有一个自称是其九世甥孙朱润的人，募集资财，修建了龙川书院，并与同邑的汪海把残余的《龙川集》与《外集》加以收辑，凑成三十卷，刊布于世。

千秋功名

陈亮作为一介平民，终生为抗金报国、中兴宋室而呕心沥血、执着追求。他志存高远，关切现实，始终以经略四方、改革旧制、在实际政治活动中发挥作用自期。他为人慷慨，性格坦直，敢于坚持独立思想与人格；他文采飞扬，措辞激烈，指陈时弊，略无隐讳，勇于坚持对现实的理性批判。英雄主义、现实主义、唯物主义构成了陈亮的人格思想。陈亮没能较早通过科举仕途获得施展才志抱负的机会，他只能试图凭借与众不同的、务实创新的救国方略去引起当权者的重视，然六上中书而无果。南宋朝廷偏安江南一隅，大部分时间都是主和派占上风，他反对妥协投降，坚持抗金恢复中原，如同逆水行舟，非常困难，只得自嘲王霸之学为"屠龙之技"，技成无用。他的悲剧在于，没有清醒地认识到南宋王朝苟安已久，积弊已深，励志、变通、迁都、斥和都很难实施。

他力主抗金，倡言改革，指斥时弊，议论无所顾忌，故遭权贵者嫉恨，两次被诬入狱，接二连三的打击，使他吃尽了皮肉之苦，而且在精神上也遭到极大的摧残。他虽然地位卑微却不忘报国，正是"天下兴亡，匹夫有责"的真实写照。在他的心中，国家的危难始终居于个人利益之上。他意在"推倒一世之智勇，开拓万古之心胸"，所以喜欢谈论兵法利害，无意于铅椠之业，更无意于事歌酸之文、无根之谈而消磨心志。他谈兵治史，论道议理，指点江山，臧否人物，巨笔如椽，洋洋洒洒，均以开社稷数百年之基为己任，以天下大势与恢复大计为旨归。《自赞》云："其服甚野，其貌甚古。倚天而号，拔剑而舞。惟秉性之至愚，故与人而多忤。叹朱紫之未服，谩丹青而描取。远观之一似陈亮，近观之一似同甫。未论似与不似，且说当今之世，孰是人中之龙，文中之虎！"这篇赞语，虽然带着几分自我解嘲的口气，流露出几许怀才不遇的不平之气，但人物形象鲜明生动，充满自信，斗志昂扬，豪气冲天，能够传神地表达他卓尔不群、气拔山河的英豪之气。

他本是天纵英豪，自许为"人中之龙，文中之虎"，这种自负、狂放的个性影响了他的一生。他也由衷地为自己的特立独行感到自豪："亮少之时颇不自量，盖尽与一世豪杰角其短长而穷其技。"正因为如此，他才能放言政事而无所顾忌，批评朝政而大放厥词，在学术上独树一帜，开创"救时、济世、工商互藉、农商并重"的事功之学；才能用政论词这种独特的文学形式表达政治观点和社会理想。他一生六上中书，两讥丞相，震动朝廷，声望颇高，其事功思想和抗金主张影响广泛。后人也极力推许，目之为"真英雄、真豪杰、真义士、真理学者"，不敢以区区文墨之事绳之。

他推崇孔子经世致用的远大抱负和孟子欲让战国诸侯行王道以济百姓的努力，但却没有领悟好孔孟注重个人品行涵养，得位则推善天下，不得位则独善其身的处世原则。他才高志大，急切于济世之功，汲汲于用世之途，在修身养性以独善其身的功夫上，就显得颇为欠缺。他的王霸之学，只能从事功上表现德义，无用武之地，民不受其福，真是虽争何用！他能够在有生之年考中状元，只是遮掩引人误解的一身行径而已。"尚气狂生"是对陈亮气质的传神概括。他才气超迈，世所公认，喜发议论，又常常出人意表，从内容到形式上都新鲜大胆，足以惊世骇人。因此，在他生前和死后均有各种各样的评价和议论。

首先是周围师友的评价。陈亮年少时，婺州太守周葵就对他一见倾心，许为国士，待为上宾。被他推为海内第一知己的吕祖谦，知之甚深，叹曰："未可以世，为不能用。虎帅以听，谁敢犯子!"吕祖谦晚年将他置于羽翼之下，箴切诲诚，无所不尽。学友叶适对陈亮的才智思想推崇备至。在《龙川文集序》中称："同甫既修皇帝王霸之学，上下两千余年，考其合散，发起秘藏，见圣贤之精微，常流行于事物。儒者失其指，故不足以开物成务。"文友辛弃疾一生怀才不遇，对陈亮的才志行径，深寄推崇感慨之意。祭文云："同甫之才，落笔千言。俊丽雄伟，珠明玉坚。人方窘步，我则沛然。庄周、李白，庸敢先鞭。同甫之志，平盖万夫。横渠少日，慷慨是须。拟将十万，登封狼胥。"表达对他出类拔萃的才智与品行的钦佩。

辩友朱熹曾说："同甫才高气粗，故文字不明莹，要之自是心地不清和也。"他目陈亮为"粗豪"，实为粗豪中有精细，以粗豪为气骨，以精细为肺腑。陈亮身处南宋危亡之局，济世之心切，求用之道急，中兴恢复的救国之志体现在"六达帝廷，上恢复中原之策"的具体行动上。学理的粗豪是指陈学与理学相比较而言，理学分析性命，学理非常精细，有板有眼，各到根穴；陈学注重实用，以儒家德义为本，会融诸家精华，主张才智德义交发并现。同时人乔行简在《奏请谥陈龙川札子》里说："其忠与汉诸葛亮、本朝张浚相望于后先，尤不可磨灭。"

其次是宋以后学者对他的评价，虽是褒贬各异，然赞誉远远超过了贬抑。明方孝孺《读陈同甫上孝宗四书》说："及观其上孝宗四书，不觉慨然而叹，毛发森然上竖。呜呼！同甫岂狂者哉！盖俊杰丈夫也！"又，明李贽说："终始知公者叶（叶适），虽与文公（朱熹）游，文公不知也。乃郡守周葵早岁便知亮，异哉！堂堂朱夫子反以章句绳亮，粗豪目亮，悲夫，士唯患不粗豪耳，有粗有豪，而后真精细出矣！"又，明张溥也感叹陈亮与贾谊都是旷世奇才，都以风采议论见知人主，最终又同陷坎坷，卒不见用。但贾谊是在汉朝蒸蒸日上，举国上下欢欣鼓舞之时，痛哭流涕，危言耸听，极尽铺排夸张之能事，被后人视为迂阔，弃之不用不难理解，但陈亮生活在南北对峙之时，倡言恢复亦无用武之地，就更令人惋惜了。

清姬肇燕说："卧龙、龙川，千古一辙，何多让焉！至其气节，虽屡遭刑狱，而百折不回。有铜肝铁胆，唾手成功之志，所谓真英雄、真豪杰、真义士、真理学者，非其人耶？"清全祖望则认为陈亮是大言惑众，名过其实，如果真正得到重用，未必能有所成就。晚年又急于求官，阿谀奉承皇帝，是其一生的污点。公允地说，全祖望的评价囿于门户之见，有恶意中伤之嫌。相反，在陈亮看来，高中状元正是他一生中扬眉吐气之时。

总之，陈亮本着对国家民族高度的责任感，为抗金而奔走呼号，为恢复大业而著书立说，以此成为一个为国尽忠的典型垂范于世。每当国家民族生死存亡之际，他的英雄气概和爱国及精神，往往都会成为激励人们坚持民族大义的榜样和力量。虽然他的功利学说被朱熹以方隅之见弃之，"其言不为天下所重"，但却为经世致用之学的开拓带来了深远的效应，成了维新改革派的旗帜。时至今日，陈亮的文学、哲学、政治、教育思想等仍为人们所津津乐道，如醇液佳酿，历久弥香。

第2章

政治哲学思想

陈亮通过潜心研究历史和审视现实,在现实政治层面上提出了一系列独创性的见解。他一生曾六诣天阙,上书恢复,呼吁孝宗改革中兴、富民强国、抗金雪耻,期待能够挥师北上,为国家开基业。他在学术研究层面上从谋求实事、实功、实利的观念出发,提倡事功学说,反对空谈道德性命之学,与朱熹展开了一场轰轰烈烈的王霸义利之辩,谱写了宋学发展史上光辉的一章,以自身的实践和理论丰富了中国古代的政治与哲学思想。

政 治 思 想

抗金雪耻，恢复中原

南宋政权自建立之日，外忧内患交替不断。一方面，金政权侵占了中原广大地区，不断南侵，时刻威胁南宋的生存，而朝廷却偏安江南，不思恢复；另一方面，南宋内部的土地兼并和苛赋重税日益加剧，陷于破产绝境的百姓纷纷揭竿而起，奋起反抗。陈亮的政治主张表现出了强烈的"救时""济事"理念。他在有生之年始终对皇帝抱有深切的期望和幻想，曾亲自考察地理形势，调查防务设施，多次奔赴京城向孝宗上书，陈述经世主张，批评秦桧当政以来朝廷和议政策以及儒生学士拱手空谈性命之风气，揭露统治集团的腐败和苟且偷安行为，提出一系列改革各项制度之措施，试图通过变革以促进民生实际利益的改善，最终达到富国强兵、恢复中原、使天下归于一统的目的。

陈亮作为一位积极追求济世事功的豪杰型儒者，较少作抽象的理论思辨，而特别关注现实社会问题的研究。他针对当时空谈义理的倾向，提出既要坚持儒家伦理价值，又要重视有补于国计民生的"事功之学"。抗金雪耻与变革内政是他所关注的，也是其社会政治思想的核心，集中体现了他对时事的分析和他的基本政治理念。他在此基础上，详细地阐述了抗金大计与改革内政、兴利除弊的政治主张之间的关系。他建议孝宗要本诸大义，运用才智，革除弊端，富国强兵，因时制法；安抚南宋士民，各守职分，人尽其才，齐心协力，中兴宋室，收复失地，重开基业。他将中国传统的民本思想和仁政思想有机结合起来，形成了以"安邦首在安民""富民方能强国"思想为核心的政治理论，这不仅在当时的历史条件下是难能可贵的，即使在今天看来也有一定的借鉴意义。这种新思想、新思维正代表了一批开明的知识分子欲使南宋走出困境的艰苦卓绝的努力，符合国家和广大劳动人民的利益，因而具有进步意义。

陈亮六次上书所贯穿的主线便是坚决打破南宋王朝苟安的局面。在他看来，拯救人民，洗刷国耻，收复失地，是当时最重要的事。他在奏疏中陈述抗金恢复之必要性和重要性，认为只要早日确定全局战略，机变行动便有依据。他提出攘外必先安内，恢复故地的前提条件是国家内政清明、上下一心。他劝说孝宗不要再忧虑人心不齐，天时不顺，只有实行改革，增损旧政，随时变通，消除积弊，振起国势，政治才会昌明，政治昌明，人心就会统一，人心统一，形势就会大好。他建议孝宗首先着手整顿中书省的事务，制定抗金大计，加强六卿的权力，总揽行政大权，崇尚武备，以振国威；委任文武官员分掌边疆，巩固边防，再加强情报工作，刺探敌情，根据形势去鼓动中原民心；严格执行政令以考核官吏，惩治奸臣，赏罚分明。其次，加强台谏职使，鼓励直谏，整顿朝廷纲纪，精选检察官员；整顿地方政事，选择好的官员去治理地方，繁殖人口，发展生产，丰富财物；挑选好的将领严明军政，选拔地方军队的兵士充实禁军，加强军队战斗力，调拨国库物资增强军需。再次，精简法律，强调执行，崇尚礼仪，修订制度，使社会共同遵循之。最后，订立财务制度，节约开支，注意当前首要任务，排斥官场虚文。这样做，不出几个月，国家的政纲法纪自会确立；两年以后，准会国富民强，人心统一，形势顺利。

简政放权，改革人才选拔制度

陈亮主张恢复宋太祖建国治国的精神，推原其意而变通之，以适应南宋政治、经济的新形势，因势利导进行改革，以促进百姓实际利益的普遍增长，为抗金、收复失地奠定基础。南宋继承了宋初加强中央集权的一贯政策，一方面，集兵权于中央，萃精兵于京师；另一方面，给各级政府官员优厚的俸禄，退职以后还有极厚的恩礼，并且其子孙可以荫补为官。过度的中央集权，必然导致各级官员身在其位不谋其政，以至于人浮于事，而祠禄之制，荫补之例的推行，必然导致官僚阶层日益庞大，冗员充斥，臃肿不堪。针对这些弊端，陈亮建议在政治上要澄清吏治，选举贤能，废虚名，核名实，明赏罚，节浮费，增殖户口，增多财赋，充实禁旅之数，调度军旅之储，置大帅以总边陲而委之专，任文武以分边郡而付之久，不轻易调动，使他们专心治边安民。

陈亮从先秦法家"事在四方，要在中央"的法治思想出发，指出皇帝的首要职责，就在于认真执好这个"要"字，发挥集权制的积极作用。首先要端正君臣的关系。君主之职责在于柄枢执要，总揽大纲，而不必每事必亲。他建议孝宗总揽大权，对待臣下要以诚相见，在任用官员时要用而不疑、疑而不用。要用德望来维护声誉权威，责成大臣勇于担当时代重任、任劳任怨、排除万难、不怕艰险。其次，他认为君权过于集中就会造成"圣断裁制中外，而大臣充位，胥吏坐行条令，而百司逃责，人才日益阘茸"的局面。故而要做到"财自阜""兵自强""利自兴""守自固""政化行""人心同""天时顺"，就必须反对君主独断，适当限制君权，一切政事均"付之公议"。要改革中央集权制，扩大中央各部和地方的权力，强调君主意志不能干扰宰相、台谏等制度的运行，"重六卿之权以总大纲""置大帅以总边陲""任文武以分边郡"。如果孝宗能够效法祖宗，臣下都能以寇准、吕夷简、杜衍、韩琦等贤臣为榜样，竭尽全力，报效国家，天下就没有不能成功的事。最后还要改变上重下轻的郡县体制、充实地方自治的权力。这样上下一心、同仇敌忾，才能有助于政治清明及中原恢复之大业。

陈亮还主张君主要有"无隐之诚"，大胆任用有德行有才干的人，与大臣精英共治天下：其一，实施抗金大计必定需要各种各样的人才，而通过科举制度选拔出来的人才多是循规蹈矩、缺乏真才实学之人，只有广开才路，才能尽收天下有用之才，尽快实现中原恢复之业。所以，陈亮建议削减进士科的名额，增设选拔有才之士的科目，革除任子的惯例，荐举有才能的人做官。其二，要改革人才的选拔制度，以不次用人。每个时代都产生人才，才智之士无不为社稷出力。天下的英雄豪杰，没有不迫切等待任用的，但往往要看君主的心意如何。假使君主能虚心地对待他们，真诚地加以信用，即使没有高官厚禄，他们也甘愿献出生命，为国效力，更何况献出聪明才智呢！如果君主看不起人，那么即使把高官厚禄摆在面前，他们也宁愿受穷挨饿而死，而不在乎这些东西。总之，他是希望孝宗在任用大臣时能真正做到心胸开阔，毫无私念，虚怀若谷，坦诚相见，君臣相处如同一个整体，这样才能招来英雄豪杰，共图抗金中兴的大业。他还提出选拔人才的方法：访贤问能，深入考察；严格"荐举"制度，正确荐才；"唯才是举""德才兼顾""用大贤以引贤"，以选拔出真正有用的人才。凡此种种都是中兴大业切要之图，必须全力以赴才能见效。

厚本劝农，兵农结合，农商并重

陈亮主张朝廷要有效解决农民土地问题。南宋偏安东南一隅，版图和百姓户口也大为减少，然而对金的岁贡、军费开支、官员俸禄等却是有增无减，南方人民的负担变得异常沉重。另一方面，随宋室南渡的达官显贵不断侵占土地，土地兼并之风愈演愈烈。人民日益贫困，阶级矛盾愈加尖锐，农民起义不断发生，赋税征收更加困难。政治关系民生祸福，政治的目的在于为百姓谋福利。他建议孝宗针对时弊，抑制兼并，使农民有田可耕、有地可依，这样厚本劝农，大力发展农业生产，巩固社会经济基础，国家的财政收入才有保证。

陈亮总结了北宋以来政治、经济改革的成败经验，强调要适应南宋商品经济发展的新形势。他反对传统的重农轻商观念，能够突破重农抑商的历史局限性，从辩证的角度论述农业和商业的关系，提出农商互补互助的观点，充分认识到商业活动的重要性。这种兼顾农工商各业协调发展的思想，是商品经济观念转化的新见，也是他批评王安石"青苗""均输"诸法的理论依据。陈亮一向重视商人和富人，对我国历史上著名的商人范蠡、白圭以及那些"勤俭起家""铢积寸累"的富人总是赞扬有加。他还将工商者的功利精神发挥于政治领域，尤为推重务实精神、豪杰精神。

陈亮还建议朝廷适当减轻人民的赋税负担，充裕各级地方财政。他认为要解决财政困难，还要靠节流。推行兵农合一政策，节俭军费开支：农忙耕作，农闲操练，战时为兵，息时为农。这样既不耽搁农业生产，又可以使兵源充足，还可以减少养兵费用，减轻国家财政负担。

迁都建业，重镇荆襄，实行批亢捣虚、形格势禁的战略

宋高宗绍兴十一年（1141），宋、金达成和议。宋孝宗即位后，立志收复，后因战事遇挫退而签隆兴和议。陈亮不顾人微言轻，建议孝宗废除和议，打破偏安江南一隅的局面，迁都建康，利用此地险要的地势，可攻可守，在战略上争取主动权。他还认为荆襄地理位置重要，自古以来乃兵家必争之地。它东通吴会，西连巴蜀，南及湖湘，北控关洛，进退自如，以此地为根据地向北可图中原恢复之业。因此，一定要在战略上加以重视，宜派德高望重之能臣镇守，协调军民，实行屯田制度，解决粮草之需。在对金战略上，应采用寓攻于防、攻防兼备的积极防御策略。

哲 学 思 想

陈亮的哲学思想，集中反映在与朱熹的论战中。朱陈论辩的内容，大体上可以概括为四个方面：一是关于"道"的争论；二是关于"王霸"问题的争论——是王霸有别，还是王霸并用；三是关于义利观的辩证——义利对立，还是义利双行；四是关于成人之道的争论。其中，"王霸义利"问题是两人论辩的焦点与核心。

双方对"道"的认识差异

朱熹与陈亮的争论主要集中在王霸义利之辩上，但在此背后首先是对"道"的不同理解。他们对儒家之道的基本精神有着不同的理解。朱熹传承二程之学，站在一种天人之学的大视野之下，立足于天理之域、人生之域，从心性入手，认为道即性，性即道。儒家之道乃是一种普遍性、绝对性的存在。它是某种观念的存在物，是"天理"的代名词，是超绝的独立存在的精神实体，是先天地而生并派生万事万物、永恒不变的道德规范，其属性则是纯粹的至善。天理只有一个，整个世界以及万物都遵循一个理，都受到理的支配。这个理是具体事物形成的形而上的本质和规律，是无形的、抽象的。他还明确区分形而上之道与形而下之器的关系，认为宇宙万物有其所然与所以然，他期待社会人生能够达到应然状态，这个应然的状态就是道的世界。可见，朱子的道是抽象的形而上设定，是社会人生之应然。他以继绝学自居，重申程颐的观点而确立道统之说。他标榜理学继承儒家道统，并从《尚书·大禹谟》中摘出"人心惟危，道心惟微，惟精惟一，允执厥中"十六个字，作为道统真传，并认为这是尧、舜、禹、汤、文、武、周公之道，传至孔子，孔子传颜渊、曾子，曾子再传孔子之孙子思，子思再传孟子，孟子殁后无有传者，遂为绝学，直到二程始接孟子之传。

朱子的哲学本体论为其心性之学救国图存的路径作理论支持。道作为存在之本体意义，通过现象的具体存在来展示其本身的必然性；但作为存在之终极属性的至善本身，却并不必然地呈现于主体的意义世界。因为这种至善的呈现，需要主体对它实现内在的自觉认同；缺乏这种主体的内在自觉，即意味着道没有被体现出来。在这种意义上，道是有可能"不存在"的。换句话说，道具有抽象性与永恒性，运动不息，道的自身存在的绝对性与永恒性并不必然地展现于人的主体世界本身，更不必然地表现为具体的历史运动过程。因此，"道"具有"非人之所能预"的性质，是一种可"求之在我"的内在成德之道，存在于道德意义上的是非善恶之中。它是能够自我完成的，人只能以义理之心去应合、体悟，而不能够时刻把握道，故而历史上会出现偶尔与道相合的事情。他批判汉唐君主并未体悟到人生应然之道，只是其聪慧明智，偶尔做得了，于理却有欠缺。

陈亮反对心性学派将宇宙万物从形而上与形而下的角度作分别，他思考的中心不在义理之学的内在理路方面。他强调经世致用，开物成务，对道与物、势、人的关系有着独特理解。他肯定物质世界的客观存在，认为道是形而上的，具有抽象性；宇宙万象是具体的形而下的存在。他认为道存在于事物之中，是事物之理，反对脱离日用常行的具体事物去寻求抽象的"道"。在陈亮看来，没有抽象的道与具体的器之分判。道器一体，道不离器，道在器中。同时，道是永恒不息的。他以社会人生之实然状态为思考的起点，不关心理的世界，认为道平施于日用之间，没有任何神秘之处。它与人们的喜、怒、哀、乐、爱、恶是分不开的，这六欲得其正即为道。如何提高人们的生活品质，如何富国强兵，如何使社会国家有序等，这些本身就是道的问题。

陈亮的道器观是其经世致用思想的哲学基础。他认为道的永恒性如果是绝对的，那么这种永恒性即体现为这个世界本身，体现为事物现象之具体存在的无限性与丰富性。圣人之道并不抽象幽远，它必须在日用常行的具体事物中体现出来。它的弘扬有赖于人们努力行事，如果仅仅作抽象的道德性命的玄谈却不在具体事物上理会，脱离事物而言道，则无疑是对圣人之道的误解。道外无事，事外无道，道和事是紧密结合的；充满宇宙之间的是物，而日用之间无非是事。所以，与物紧密相连的道无本末内外，不能独立存在，同样是无限的。道具有存在的永恒性和运动的不间断性，古今一贯，三代固可为法，那么三代以下亦未尝不可为法。他还否认不传之绝学，认为持这种看法的都是耳目不洪、见闻不广之辈。

朱熹认为从三代到汉唐约一千五百年间的历史是一大空缺，天地也是架漏过时，而人心也是牵补度日。陈亮认为这种说法如果成立，那么万物何以皇蕃，天道何以长存？这岂不是自相矛盾？在他看来道是宇宙间亘古常在之物，天运无一息之或停，道即无一日不在天下，如明星皎月，闭眼之人，开眼即是。人虽赖天地而立，而道亦赖人而存。舍人，天地则不可独运；舍道，人欲则不可主宰世界。故否定汉唐之治的合理性，就是在否定道长存不息的绝对性。

关于王霸义利问题的争论

朱陈关于王霸义利之辩，首先是从历史观滥觞的。这种争论涉及对社会历史的看法。朱熹的历史观是倒退的，认为帝王心术是社会历史发展的决定因素，是社会昌盛或动乱的主要原因。用行天理或人欲为标准来区分三代以上与汉唐以后的社会，竭力美化三代之治，鼓吹复古。他充分发挥了董仲舒的义利观，尊道卑功来表现推尊王道、贬贱霸道的思想。这样一来，区别王霸的标准就变成了是讲仁义还是讲功利。帝王心术正，讲仁义，行"仁义之政"，与天理相符合，就是王道政治；帝王心术不正，讲功利，行"功利之政"，假仁义，便是霸道政治。夏、商、周三代帝王得尧、舜、禹等圣王心心相传的"道心"，以天理为旨归，以"道心"治天下，行"仁义之政"，心术最纯正最好，所以三代天理盛行，社会上一切都是光明的、至善的，是"王道"政治，真正实现了仁的理想境界。孟子以后，道统失传。战国时期，举世讲功利，而不知仁义。秦汉和唐代的帝王心术都不正，不具备"道心"，治世以人欲为出发点，缺乏义理之心，只在利欲上兜圈子，社会上一切都是混乱的、黑暗的。至于汉唐诸君也能建功立业和长久，与三代"王道"偶有"暗合"之处，充其量是固有天理不自觉的偶尔流露，根本上未能免"利欲之私"。故汉唐之义不足以接三代之统绪。在朱熹看来，道虽不行于汉唐，但这并不影响它的亘古长存，它不受人们活动的影响，人们也不能干预道的存在，汉唐君王的行径并未使道殄灭不存。

朱熹以"天理""人欲"为尺度评价三代、孔孟及汉高祖和唐太宗。历史人物做事的主观用心与动机，若是出于正心诚意，且用功夫进行心性修养，则被归为"天理"；反之，若做事只是基于满足个人的私利和邪恶用心，缺乏心性修养的功夫，则是"人欲"。在这个评价体系中，朱熹更重视的是人物的主观动机纯正和自身修养的功夫，只要出发点和最初的愿望是好的且身体力行就好，至于客观结果，也不会差到哪去。尧、舜、禹三代圣王与孔子，行仁义而顺天理，是王道的典型，他们的行为和用心完全合乎道和义理，且用心纯正，道德纯粹，功夫炉火纯青，生命纯乎天理，可谓金中之金，因此，被推许为圣人。再次一点的是颜回、曾子、子思与孟子等，他们用心纯正，但功夫还没有达到登峰造极的水平，合乎道义，乃金中之铁，学圣而不至。汉高祖与唐太宗则同在"人欲"之列，只是程度不一，汉高祖"私意分数犹未甚炽"，而唐太宗"无一念之不出于人欲也"。他们缺乏修身养性的功夫，心术不正，行事偶有合道义者，为铁中之金，是人类中的英雄。他们与尧、舜三代相比，有本质上的差别。最下等的要数曹操、刘裕，纯乎人欲，无修身养性的功夫，全部的生命只是铁，作为霸主，在历史上毫无价值而言。

在推尊尧、舜三代方面，陈亮与朱熹的观点基本一致。

然而在对待汉高祖与唐太宗的看法上，二人有分歧。陈亮论王道有两个基础：一是"食色之性"为人所同，二是使百姓达情遂欲。他论王道的蓝图，是合乎孟子本意的。不同之处是：孟子将君子与百姓分开，君子是治理百姓的，所以必须讲究道德修养。孟子在"心"上找到了君子的道德根据。陈亮认为义理既存于三代帝王之中，也存在于汉唐帝王之中。汉唐之君是以智行义，并非私智自营。他反对朱熹关于三代以后王道中断的说法。认为汉唐之君的本领宏大开阔，使国家与天地并立，天下万物赖以生息繁殖，并不全是霸道政治。汉祖、唐宗是值得歌颂的人物，他们所建立的历史功绩足以与汤、武事业相匹配，其心可以上接夏、商、周三代。

陈亮还充分肯定了汉唐诸君的"竞智角力"，认为这是"爱民利物"、救生民于涂炭的前提条件。他认为王道与霸道是互相统一的。霸道"固本于王"，而王道中也夹杂着霸道。就以三代为例，一方面以王道治之，另一方面也有角智斗力的征伐和谋夺帝位的算计，这就是霸道。汤放桀于南巢而为商，武王伐纣取之而为周。如果不使用武力征伐，就无法驱逐像桀、纣这样的暴君，也就没有后来被理学家称赞的汤、武王道。因此，王道需要霸道来扫清障碍。客观事物的演变需要凭赖理智探求，循规律而行，智与义互补才能"至公而时行"，汉唐之君本于仁义之公心行道，虽不能达到三代的礼乐治世，但仁义之效已能使生民受惠。仅用"全体只在利欲上"来概括二人，是眼光浅狭的表现。总之，陈亮在分析研究一些历史人物的杰出功绩之后，赋予"王道"完全不同的含义，并且认为"王道"和"霸道"仅仅是程度上的区别，即"做得尽"与"做得不尽"的不同而已。从历史观来看，正统派儒家一直坚持的形而上学历史观，到二程、朱熹则更加绝对化，形成了历史倒退论；陈亮则坚持东汉王充以来的历史进化论观点，认为历史是前进的。

义利、理欲是对立，还是并行

儒家对义利的主张，大致可分两类：一为明辨义利，一为义利相符，即《易·乾·文言》所说："利者，义之和也。"两者的区别在于一为动机论者，一为功用论者。朱熹借鉴董仲舒的"正其义不谋其利，明其道不计其功"为指导人生的处世之要，将"义""利"完全对立起来，重道义而轻功利，拥护前者。陈亮从事功道德观出发，认为功利与道德是统一的，义利并存，相辅相成，拥护后者。他认为将义利对立是后代儒家的陋见，"义"要通过"利"来体现，没有生民之利，义就无法实现，所以利也就是义。三代同样是追求功利的，圣王们并不讳言功利。他们不做功业，怎么能成就天地万物？不计功利，哪里来的仁义？因此正确的说法是"义利双行"。

二人在物欲问题上争论的中心主要有两个：一是"欲"是不是人性的本然；二是对物质生活的欲求是不是就等于罪恶。陈亮认为物欲是人的自然本性，即使是三代圣王也在所难免。但应适当从道德方面加以合理限制与规定。从耳目鼻口所发出来的感情和要求公而不私，便是圣贤。人人要讲"分"，"得"要是分内之得。如果只顾满足个人的私欲，那是要"害道"的。使天下人都能够随时达情遂性，便是三代的仁政。所谓"三代以前都无义欲，都无要富贵"的说法是不可信的，他们是经过孔子加工美化出来的理想楷模，绝非历史人物的真实面貌。这一议论惊世骇俗，取消了凡圣之界，打碎了虚构的神圣偶像。他还反对朱熹关于人生来就有凡圣之别的说法，认为"人只是这个人，气只是这个气，才只是这个才，譬之金银铜铁，炼有多少，则器有精粗，岂有于本质之外，换出绝世美器哉！"坚信人才是后天锻炼出来的。

朱熹把性分为"天命之性"和"气质之性"两种，天命之性是天理的体现，是纯善的，而气质之性斑驳芜杂。与天命之性相应的是"道心"，道心纯然天理，不被物欲所昏，是至为完善的；与气质之性相应的是"人心"，人心有违背天理的可能，易为物欲所蔽，造成一团私欲，有害"道心"的光明，是犯上、犯法的罪恶根源。人的气禀有清有浊，便有善有不善。不仅贤与不肖由气禀决定，连富贵贫贱也由气禀决定。心是天理、人欲之主。心有道心、人心之异，也有天理、人欲之别，与此相应的有公与私、正与邪的区分。天理就是三纲五常，是善，是心之本然。天理所应当做的，就合乎义。人欲是恶的心，是心之疾疾，是嗜欲所迷。而利则是人情之所欲，为了满足人欲而自私自利就是害道。违背天理就是人欲，人心是最危险的，人欲则是罪恶。天理与人欲既对立，又融合。天理存则人欲亡，人欲胜则天理灭。能否将道体现出来，关键在于人能否去人欲而存天理。具体地说，如果人们用义理之心去体道，则道就能体现。如果人们的义理之心顷刻不存，道就不再体现。他一方面认为道与历史、事物相分离，强调人不能预道，以突出道的绝对性，同时又指出道的现实化体现建立在人的活动之上，强调对道的体现或认识的功夫。因此在日常修行中就必须坚持静坐涵咏，内向治心，扩充天理，除尽人欲，明辨义利是非，远离功利之场。

关于成人之道的争论

二人的争论，最终归结于理想人格的分歧。朱熹劝陈亮放弃"义利双行，王霸并用"之说，而以醇儒自期。陈亮则认为教育目的在教人"做人"，而不是"作儒"。人生的目的是做一个真正的人，人生的价值在于"适用"于社会，正所谓管他金银铜铁，搅为一团，熔作一器，只要适用就行。理学家所说的"醇儒"，其实是一群"风痹不知痛痒之人"，除了空谈性命义理，"相蒙相欺"之外，其余一无所知。而《论语·宪问》记载："子路问成人。子曰：'若臧武仲之知，公绰之不欲，卞庄子之勇，冉求之艺，文之以礼乐，亦可以为成人矣。'"这段话只有"公绰之不欲"可以纳入醇儒的范围之内，其余如"知""勇""艺"，醇儒是不要的。而陈亮却甘愿做豪杰型的儒，不做圣贤型的儒。他在给朱熹的复信中指出，醇儒"研习义理之精微，辨析古今之同异""以积累为功，以涵养为正"的功夫，我自愧不如，但是我的所长在"堂堂之阵，正正之旗，风雨云雷交发而并至，龙蛇虎豹变见而出没，推倒一世之智勇，开拓万古之心胸"方面。可见，陈亮虽赞成历来儒家注重个人道德修养的观点，但反对理学家脱离实际，专讲义理涵养。朱熹劝他不要做"三代以下人物"，他却公开亮出了事功的人生观，以积极进取的精神入世，具有一定的进步意义。

陈亮与朱熹就王霸义利、天理人欲、三代汉唐、醇儒成人等问题反复争辩数年之久。这种长期交流与学术论辩的过程，本身就是不同学派间相互切磋、吸收、影响的过程。尽管朱熹被门人捧为理学大师，然而面对陈亮的攻势，实在有些招架不住，更谈不上使其折服了。他连声叹道："才太高、论太锐、迹太露，陈同甫学已行到江西，可畏！可畏！"两人的思想学说都是来自切身体验，各有立场，所以各执己见，互不折服，最后只得鸣鼓收兵，一场王霸义利之争至此告一段落。通过这次辩论，陈亮的事功学说传播得更广更远。他所提出的反理学思想，也震动了当时的思想界。这场具有轰动效应的思想交锋，不仅是理学和反理学斗争的组成部分，也是唯心主义和唯物主义斗争的曲折反映。无论是理学中人还是反理学者，都能从中受到启迪。它既推动了反理学思潮的进一步发展，也逼得理学在某些方面作出修正。

其实，王霸之辩的现实意义是通过对历史的"得失较然"，明确哪些"可以法，可以戒"，即明白在现实社会中要做什么样的人。陈亮批判朱熹的历史倒退论，是为了解决南宋抗金救国的实际问题。他总结汉唐的历史经验，指出刘邦、李世民之所以能统一天下，是实行一条顺应历史潮流的政治、军事路线的结果。南宋如有恢复中原的决心，完全可以自上而下奋发自强，改革内政，富国强兵，积极创造条件北伐抗金，收复失地。陈亮与朱熹之间的辩论成为著名的学术公案，在当时产生了巨大的影响，一方面说明陈亮的事功思想在某种程度上适应了社会需要，一方面说明宋代理学造成的沉闷的学术空气，在一定程度上引起了士人的不满。

第 3 章

事功法制思想

陈亮通过潜心研究历史和审视现实，在事功伦理及法制方面提出了一系列独创性的见解。尽管他的思想学说始终都未能融入当时的学术主流，被视为"谋利计功"的"功利之学"，遭受种种非议，但却终究保持了自身的鲜明特色，非但在学术界独树一帜，而且在事功与法制层面的纵横开拓，亦丰富了中国古代的哲学与法制学思想。

事功伦理思想

"士不可以不弘毅，任重而道远。"越是社会腐败、政治黑暗的时代，士人经世致用的精神越是高涨。面对南宋内忧外患的局势，以陈亮为代表的事功学派广征博览，以治史经世，佐六经参证，以求通经达用、救时除乱；他们视圣人之道，如民生日用；重因事作则，讲开物成务，兴王霸并用，倡义利双行；他们猛烈抨击当时占学术界主流地位的道德性命之学，并认为事功之学较之更具有实用性、优越性。陈亮将《易》的基本精神与南宋的社会现实结合，从经典中发掘值得借鉴的思想，为富国强兵提供理论支持。经世之学的根据是"道器一体"论，经世的主要内容体现在道德与事功的分判上，即义利之辩。

陈亮的事功思想之所以能够从理学阵营分离出来，在于他走上了一条与理学家们截然不同的学术道路。事功学说的最显著特点是把学术研究和社会现实联系起来，因此也被称为"实学"。陈亮的事功思想着眼于南宋抗金中兴的目的，理论价值有四：一是坚持从利益、实效而不是预设的"天理"来说明道德原则。二是坚持事功价值观，把求利置于道义之上，以功利作为价值追求。三是把功利的实现作为历史的评价标准。四是在强调功利时把"利"规定为天下公利。陈亮的事功思想博古通今，针砭时弊，经世致用，探究治国、兴国之策，明白简大，坦然易行。他于事功之学虽无首倡之功，却有发扬光大之力。

功到成处，便是有德

德是中国古代哲学中的一个重要范畴。陈亮一方面继承了儒家的伦理传统，维护并宣扬以"三纲五常"为主要内容的人伦道德；另一方面主张将仁义道德建立在实事、实功的基础之上，肯定道德与功利的统一，形成了颇具特色的功利德论，在中国古代"德"范畴的演进历程中占有重要地位。功利的实现便是德，脱离实际功利的仁义道德是不存在的。故陈傅良将此概括为："功到成处，便是有德；事到济处，便是有理。"实事、实功构成了仁义道德的现实基础和衡量标准。陈亮所注重的功利是天下之大利。他认为圣人应当"成天下之大顺，致天下之大利"。道义与功利之间不再是紧张、冲突的关系，而是和谐一致的。陈亮有感于当时南宋朝廷苟安于一隅的现状，主张富国强兵、抗金复土之中兴大业，并以此为大功、大德。由此出发，陈亮对空谈道德性命之说的理学进行了针锋相对的批判。理学教人"不谋其利，不计其功""只向义边做"，这对于中兴大业有害而无益。理学追求超功利之道德固然值得肯定，但因此而绝对地对立义利，置现实于不顾，这无疑是片面的。

陈亮在理想人格方面也注重事功，提出了才德并美、济

089

时达务的"成人"观，主张外王事功与内圣修为相统一，才智与德性相统一。他反对朱熹重内圣轻事功，"粹然以醇儒之道自律"的观点，认为"人才以用而见其能否，安坐而能者，不足恃也"。理学提倡的"醇儒"虽然有较高的德性修为，但却只知固守所学，安坐不动，于世无用，是不足恃的。真正"成人"的关键在于积极有为，从而见用于世，成就济时达务的外王事功。关于内圣修为，陈亮提出要"才德双行、智勇仁义交出而并见"。他一方面重德，赞许"利不能更其所守"的颜闵之乐；同时又反对有德而无才，认为仅凭德业之美是不可能有所作为的，还要有实现社会事功所必需的才智和勇气。否则便只能做一个子夏一门所谓的"儒"，而非真正的"成人"。所以，从社会事功的现实需要出发，"成人"应该是德才兼备、仁义智勇俱佳之人。在此，陈亮将外王事功作为内圣修为的目的和归宿，力求统一才德、内外，相对于纯乎内圣的"醇儒"，更得先秦儒家之真精神。

陈亮在经世致用的视野和人文关怀之下，对《易》的崇德广业理念有自己独特的认识，并阐发了他具有鲜明事功经世倾向的功德观。他反对理学纯任德治王道的观点，提出了综合德化、刑法、智力等多种治国方略的富国强兵之说，主张在以德化为本的前提下，坚持"义利双行，王霸并用"。

其一，他继承了儒家以德化为本的德治传统，认为养心进德乃治国之本，君主在治理国家的过程中，必须务其根本，宽厚仁慈，以德化民，使民风淳厚。君主正己之心、以德化民体现了其表率天下的重要作用，陈亮称之为"师道"。道德教化不是口头的宣扬，其实质在于教化的实施者君主率先履行仁义孝悌等道德规范，做天下万民之师表，这正是历代儒家反复强调的以德治国的关键所在。

其二，四科无废，德行居先。以德化民还要广兴孔子所创的"四科"之学。陈亮建议孝宗借君权之威，恢复"四科"之学，使"德行、言语、政事、文学，无一之或废，而德行常居其先"。

其三，财乃天下大命。陈亮对社会经济生活给予了较多关注，把财政视为国计民生的命脉所在。保民命、养兵甲、兴礼教、救灾荒，任何一项治国之策都有赖于财政的保障。基于此，他提出了制民之产、兴修水利、改革制财之法等举措，特别是突破了重农抑商的传统观点，主张"商藉农而立，农赖商而行，求以相补，而非求以相病"。陈亮把经济生产、生活放在治国安民的突出位置，这相对于理学对立道德与经济无疑是一种进步。

其四，刑法智力为"饰治之具"。陈亮力求综合德治与其他治国方略，认为刑法智力是德治的有益补充。刑法智力虽属霸道，却恰可以弥补王道之"德泽有余而事功不足"的缺陷。他认为刑法智力固然有效，但只是"饰治之具"，而君主"以宽仁为心，以洪大为度"方是"出治之本"。礼法过于烦苛、君主专任才智都是颠倒本末、急功近利之举，是不可取的。所以，必须先立大而后事小，以德化为本，辅之以刑法智力，如此方得"政之成"。

综上可见，陈亮针对南宋时弊，凸显了事功相对于整体家国天下的重大意义。他以这种立场与视野关注并汲取《易》的经世面向，以事功经世的理路阐发其经世之学，为民族国家开出了不同于心性之学的拯救之良方，丰富了中国儒学思想，对后世产生了深远的影响，具有重要的历史意义。

论天理与人欲的统一

陈亮的事功主义伦理思想，首先是以"道存于物"、"道在事中"、道物统一的世界观作为理论基础和逻辑依据的。他的道德起源论指出了道德与人欲之间的关联性，并进一步指出天理与人欲的统一性。在中国传统的观念中，"欲"似乎具有恶、私的性质，尤其是程朱理学主张性善论，认为对外在利益的追求必使本性蒙尘，为复归本性，必须"存天理、灭人欲"。陈亮事功伦理思想以人性论和天道观为理论前提，强调人性是自然性与社会性的统一，恢复了人性的本来面目，是对理学天理人欲论的悖反。他说："耳之于声也，目之于色也，鼻之于嗅也，口之于味也，四肢之于安佚也，性也，有命焉。"这是从"自然人性论"出发来肯定物欲。既然"欲"是人之本性，那么就是合乎道德的，而不是罪恶的了。道德与物欲并非水火不容，而是统一的，道德并非像二程、朱熹所说的来自天理，而要与具有物质实在性的人的生活欲望相结合而存在。

陈亮认为理与欲的统一首先表现在理不能离开欲，人欲不能被看作是道德屏障。人的天性所需的各种基本物质欲求是合理的，但人毕竟不是动物式的个体存在，并不能仅仅满足物欲需求，更不应该一味地追求更多的物欲满足。故陈亮主张"以理制欲"，他认为人的自然欲求，必须加以引导，而人的物质欲望及其情感，必须接受包括道德、刑法在内的君长之制的制约。君长之制不是除人之欲，而是使其"适欲"而"得其正"。君长要本着"己欲立而立人，己欲达而达人"之心，以己之所欲扩充于民之同欲。这样，人们的这种自然欲求就不会沉陷于无节制的地步，"害道之事"便转化为善，不会成为道德的祸患。可见，道德、天理并非与人欲势不两立，其本质恰在于更好地满足人的物质欲望。他还认为道德建立于自然人性的基础之上，对人的自然性起着内在的制约作用。自然本性让人趋乐避苦，要用道德来制约，而道德感本源于人自身，是人性的组成部分，体现为人性的社会性。陈亮认为个体之欲要通过社会群体的力量来实现，此即他为群乐群的群己观。个人完善与社会完善统一，人的自然性和社会性也随之达到完美的统一。可以看出，陈亮尊重人欲，并希望达到一个欲普遍实现的状态，依顺大多数人的欲望，以道德治天下。

义利合一

义利观是陈亮事功伦理思想的核心。他说："利之所在，何往而不可哉！"但他也讲"夫义者，立人之大节"。传统的义利观重义轻利，实际上是主张义利对立。陈亮之学在义利观上有其鲜明的反传统倾向，是对传统儒家的义利观的深刻修正。他不仅尚利重义，而且主张义利并重，义利统一，反对把仁义道德和实事功利对立起来，力主将道德事功统一起来。他对事功、功利的重视，主要是强调应以事功作为衡量道德的标准，强调内在的道德修养必须转化为外在的功利，而非单纯地只要事功，不计其余，更不是完全不讲道德的自私自利。陈亮认为实现仁义道德离不开搞好国计民生、关心民间疾苦，道德修养不能徒事空谈而要通过实事实功来体现，仁义道德并不在事功之外，而是在事功之中。

在陈亮看来，道和事本身是统一的；脱离了实事实功，道也就不复存在。他肯定"道在事中"，道的存在和作用通过具体的实事来体现。将这种原理应用于义利关系的理解，道就是仁义道德，事就是"日用之间"的国计民生，道在事中，也就是义在利中；道不离事，也就是义利不分，利既是义之和、也是义之本，义利在本质上是统一的。因为，舍利则义失其本，舍义则利失其正，只有义利合一，才能实现义利双赢。陈亮的"义利统一"实际上是在把"利"定位为"公利"的基础上完成的。他的事功其实是整体社会事功，也是指当时抗金、强国的社会功利，这与利己事功有区别。他对道进行研究探索，目的在于解决现实中的问题，以供实际应用。道直接与日常事务合一，并要求表现在人间的事功上。事功是衡量道的唯一标准，一切事物的价值都必须以实际应用中所取得的效果作为衡量标准。

践履行道

陈亮以三才论道，并认为三才中人的作用是至为重要的。道即现实，而现实即"天人之际"的当前状态，即天地人三才的现实结构。道的存在只有而且必须通过人本身的存在才能获得证明，其运动的意义与价值亦只有在人的世界才能获得最终显现。他强调人对于世界的积极干预，突出人的主观能动性，重视发挥"人谋"和"有为"的效应。因此，陈亮的事功之学表现为哲学上的行动主义，其特质是强调对现实的能动实践，而在理论上则明显地表现出拒斥形而上学的倾向。其哲学思想属于朴素的唯物主义，提倡"实事实功"，有益于国计民生。他以崇尚事功为特色的皇帝王霸之学，积极入世，重在践履。他的理论体系是建立在对经、史、文的融会贯通和对世事时务的精到观察之上的。其学既有孟子的浩然之气，又有荀子的文理密察之思。在宇宙观方面，他认为道、理在具体事物之中，不同意把"形上"与"形下"割裂开来。在认识论上，他认为知的获得取决于行，强调人的实际活动的作用。因此，他在哲学观上提出"道在物中""理在事中""学以适用""行重于知"的朴素唯物主义思想，反对朱熹"道在章句"的复古思想，反对陆九渊"道在顿悟"的唯心思想。他在价值观上强调"义利合一"，认为只讲道义、讳言功利是徒有其表、口惠而实不至，本领、才智只有放在实践中才能检验出来。重实际实践是陈亮事功哲学思想的一个极其重要的特点，因此，重人事以成现实之事功在永康功利之学中有深刻的哲学基础。陈亮并没有脱离儒学思想的基本观念，只是强烈的求实致用精神，促使他不拘泥于对传统儒家理论的简单因袭和诠释。

法 制 思 想

两宋在中国封建社会发展史上，处于承前启后、新旧交替的历史转折期，不仅经济、科技、文化极其繁荣，而且政治、法律、思想也得以快速发展。两宋以立法严密著称，从中央到地方逐渐形成一套严密的制度，直统于皇帝。陈亮作为永康学派的代表人物，钻研法制，剖析人本、社会、变革以及实事、功用、变通，不以古法自限，强调法度的时代性，并对三代以来特别是宋代法度政治的历史与现状进行了系统的分析和总结，提出了深入独到的观点，建构了具有时代特色和独特风格的法制思想，丰富和发展了事功学说。

明德慎罚，简法轻刑

陈亮继承和发展了儒家明德慎罚的理念，肯定"法"在国家管理中的重要作用，主张简法轻刑，反对严刑峻法，追求公正，崇尚德治。法律自产生时起，就是一种强有力的统治工具。陈亮站在新兴地主商人阶层的立场上，反对"任法"，即反对绝对以法为标准、任何事都必须有法、执行不准有一丝走样的规定。他总结说："汉，任人者也；唐，人法并行者也；本朝，任法者也。"他认为"艺祖之初，法令宽简，取士任子，磨勘考绩，年劳升转，皆未有一定之法，而天下之人尽心毕力以事其上，上之人视其劳佚、能否而为之黜陟进退，而不必尽拘于一定之法，故上易知而下易使，明白洞达，以开千百年无穷之基"。针对宋太祖以后，法律数量愈繁、规模愈庞大的特点，陈亮认为法网愈密，狡诈之人就愈是容易操纵法律、各自为谋。不管统治者制定如何严苛的法令，人的诡计狡诈总能得逞。因此，陈亮希望统治者宽简法律，减轻对私人的干预，他曾说："天下方争论法以求精密，而愚独以为当使法令宽简，而予夺荣辱之权一归于上。"在他看来，立法定制，宽简胜于微密，温厚胜于严厉。他的想法显然是要通过上书，说服皇帝、大臣认识到烦冗的法律条文无助于国家管理，对经济的限制是一件无益的事。这无疑会对宋代当时的商品经济发展起积极的促进作用。

　　基于上述观点，陈亮认为法度应该力求宽简，避免繁密，为人们的自由活动与责任伦理留下空间。人的方面构成了法度变革的归宿和重心。法度的公理性并不会自动生成和延续，需要人们的甄别和维护。破除法度的一元主义，另一方面的含义就是加强法度执行主体在实施法律过程中的裁量空间和决断力，并在灵活多样的运行中，把握对于法度的主导权，强化政治主体的权威性。而法度宽简，能使君臣上下主动发挥德性智慧，避免法度详密、任法自行，这样，其他弊病也会随之得到解决。

陈亮希望统治者放宽法律，为民众提供赖以生存的产业，通过教化使民众有廉耻之心，遵守社会规范。法制要成为防止滋生私欲、防微杜渐的一种统治手段，而非最终的统治目的。反之，如果法律太密太严，虽有防止奸臣小人为所欲为的作用，但同时也束缚了智者贤者的思想行为，不仅起不到法制应有的作用，还会适得其反。严刑峻法使老百姓无法生活下去，统治阶级也就无法统治下去。在陈亮看来，慎法恤刑的关键是简法宽刑，这是廓清政治的重要途径，完全符合治国平天下之说和正心诚意之论，也是一种重要的统治方略和为君之道。他盛赞尧舜二帝"宽简之胜于微密也，温厚之胜于严厉也"，认为正是这种宽简达成了圣人之治。所以，他对宋初"法令宽简"予以肯定，批评南宋法制严峻，繁法束缚执法主体，酷刑直接危害法制客体，使法制的功效化为乌有，造成事功不成、天下不理，人们只能望法兴叹。

陈亮在提倡轻刑恤法、反对严刑峻法时，还从人心与法制之间产生关系的角度，探及法制的本质，赋予法制客观公正的内涵。他认同法家法治及法生于性恶的观点，认为法因"人心之多私"而生，应该还以公道，归于公正。而公正与否又是区别王者之法与亡国之法的根本所在。他在论人与法的关系时，又提出"法者公理也"的命题，认为只有法成为天下的公理，才能使法充满生机，至于无穷。此外，陈亮还考察了法律如何去私和存公的本质问题，探讨封建时代公正的可能和途径。当然，他追求的公正是与儒道相融合的，认为"至尧而法度始定，为万世法程"，关键是"严其所当用者耳"。可见，陈亮法制思想中的儒道德治，也即王道的归依是非常明显的。

礼法交修，归于王道

儒家传统政治学轻"法"而重"礼"，在性善论的基础上认为个体具有先验道德及是非善恶等判断能力，故而政治应借助于道德，将个体本善之性引导出来以祛恶。道德风化就成为政治的最高要求，以礼为形式的法制成为善政的保证。陈亮出儒入法，由法归儒，主张法制时没有忘记儒家的德治仁义，论述德政仁恕时又把儒法两家的思想融通结合起来，交汇在公理天道之上，这是中国法制史上唐宋礼法结合高度发展的反映。陈亮丰富并促进这一融合的内容和进程，又在结合的归依上侧重于礼法各自的合理性，形成了自身特色。陈亮继承和发展了礼法结合的法制思想，发展德主（体）刑辅（用）之说，从礼法的基本内涵出发，认为君主应该礼法交修，以仁为本，归于王道。这与宋代理学有契合之处，倡言仁义孝悌，有鲜明的实用辩证特色。

陈亮从礼法本身的功用价值及整体和内在联系的角度作出界定，认为"礼节民心"，发挥着教化作用，是宋代开"二百年太平之基"的重要前提。法是治国的基础，即使存在各种问题，有时甚至被废弃，却不可永远弃而不用。礼法都是统治阶级的工具，但在教育与惩罚的功能上又各有侧重，礼中有惩治，刑中有教育，不能把两者的功能混而为一，尤其不能皆视为惩罚和制裁的利器。这种基于法制内在功能和联系的考察，为进一步揭示礼法之间的关系奠定了基础。陈亮是赞同礼法结合的，但又未完全服膺"本用"与"主辅"之论，把"礼乐刑政"与"仁义孝悌"视为两个集合体，使它们对应和联系起来，强调它们的作用和互动，认为"二者交修而并用"，这种交修实质上是在探讨法礼之间的平衡。他批评"宣帝待人臣之术，法胜而礼衰，故上之势孤而下之情隔"，认为法礼失去平衡既会动摇君主的权威，也无法获得有效的统治。就总体来看，汉代仁刑相继，礼法平衡，国祚得以延续。无论是从横向还是纵向考察，法与礼两者之间都是相互为用、相互依存的，是一种动态平衡的"交修"。当他述及宋代政治时，也是将法制与其他统治手段相联系而加以考察的。这种礼法互动、平衡的结合，强调的是各自功能的发挥及相互作用，不分各自作用的主次，这与传统的本体或主辅的结合是有一定区别的。

陈亮主张礼法结合，并把结合的焦点指向德，直指礼之核心——仁恕。这从某种意义上讲，深化了传统的德主刑辅或德本刑用的思想。历史上的德，从政治角度讲是德政礼治，从人文的角度讲是教化内省，注重对人性和本体的改造，使臣民符合礼制规范。陈亮以"仁"为体为本，通过理把道与法统一起来，解析道与法、仁与政的新体用关系，揭示德刑互动关系的规律性内涵，这是先儒所未及的，也与理学家坚持道德性命之说，或倚重心性，或热衷刑罚有很大区别。因此，他讲德与刑的关系时，视德为化民之本，并趋向于仁恕，他赞赏文帝感缇萦之言而废肉刑之举，这是他追求法德之道或理的崇高目标。他认为，"秦人不知务本，一意于严刑酷罚，务以束天下而震之"，结果二世而亡；"孝文惩之，以宽易暴，以德易刑"，保汉四百年基业。可见，他的礼法结合思想倾向于德政，并以仁恕为本，这既与传统的德主刑辅思想相一致，又创造性地在礼法动态结合中以理或道贯之，而以仁为结合的核心。

陈亮在王霸义利之辩中与理学发生分歧的关键点是如何去理解和实践儒家理论。陈亮主张的礼法结合，侧重思考德政礼仁的实现，追求的是一种德治与法治结合的理想境界——王道。他对王道的看法是"礼节民心，乐和民声，政以行之，刑以防之。四达而不悖，则王道成矣"。只有礼乐政刑四者和谐并行，才能达成王道。礼乐刑既是法制的基本内容，也是他王道说的基本构成因素。陈亮的王道思想是建立在对道基本认识的基础之上的。他讲的道，与欲相对而言，但与一般理学之道还是有区别的，他认为喜、怒、哀、乐、爱、恶，得其正则为道，失其正则为欲。而欲得其道得其正，则要正人心、清刑罚，使相关的行赏罚符合天道，这样才能把王道与天道统一起来。陈亮追求的王道，就是以"仁义孝悌，礼乐刑政"为基本内容的尧舜之道，尧舜之道是治理天下的基本法则，直接影响了三代，使之成为王道政治的典范。因此，王道也成了陈亮法制思想的终极取向。

德法相辅，以人行法

慎刑的思想由来已久，先秦就有"明德慎罚""罪疑从轻"之说，而德主刑辅之说又向来为统治者推崇，慎法恤刑为历代统治者所提倡，并在历代的立法和司法中有所体现。至宋代，一方面以儒学立国，推行德政仁治，崇尚文治，仍以德主刑辅相标榜；另一方面又因内忧外患和吏治腐败，阶级矛盾日益尖锐实行严刑峻法，加强中央集权。在这一矛盾的政治环境下，陈亮法制思想的倾向性非常明显，除了上述的强调礼法结合，致力于王道外，又高举慎法恤刑的旗帜，仰慕德治，追求法律公正。在陈亮看来，社会复杂，人多私欲，而法是防止私欲产生的最好措施，能起到化私为公的作用；法是教化民众的有效手段；法体现了公理，能起到维护社会规范及公共利益的作用。这种强调人与法外在关系的法理思想在当时是反传统的政治理念，因为传统的儒家着意于通过修身和义理来转变自身气质，即强调人内在的、自发的调节功能而不是外在的约束作用。陈亮坚持法制和法治的态度是明确的，主张在有可依法和刑法适平的前提下慎法恤刑。他依据传统的"三国三刑"理论，从平国和中典的观点出发，提出情疑就宽，罪疑从轻，不自为轻重，找到慎法恤刑的法理依据。他还从国家致治的角度指出，天下大治并非完全依靠法律制裁就可以达到，重要的是上下相恤，有无相通，各安其生。这一思想与宋代统治者倡导的"罪疑惟轻，功疑惟重"相呼应。无论是平衡公、私还是化私为公，他都看到法在其中的作用，并指出法能指引民众趋向公益。

中国封建法制始终受儒家思想的影响和支配，治理国家侧重任法还是任人，是封建政治发展史上长期争议的焦点之一。陈亮重视制度法令合乎时宜的实施。制度法令是人群共同相处所不得不制定的行为规范，它施行的目的不是束缚每个人，而是借以达到群体共处的最理想境地。要使法制随时发挥它的积极功用而避免流为消极的防遏，便需要人为才智随时代环境变迁而加以调衡。古代法制是古代时空之产物，后代的历史背景不同，自有适时之法制。陈亮主张君子应运用理智去探求"事物之理"，制定大家共同遵守的礼法，从礼法的功用上发挥执政者德在生民的理想。他认为道德与法律应相辅相成，这与程朱理学在理论上把道德与刑法对立起来完全不同。

陈亮认为法度遵循因时制法的演变原则，尝试提供一种更加符合历史特征的解释，如"汉，任人者也；唐，人法并行者也；本朝，任法者也"。这三个重要的朝代代表了三代法度典范的三种变异类型。他通过对历史经验的总结和当代的实际考证，认为"任人""任法""人法并行"三种治国方式虽各有道理，但还应该有一种集各家之长的理想管理模式。"任人"思想即"贤人政治"，强调统治者个人素质在治国和司法中的决定性作用，偏重德化者本身。"任法"是在中央集权的君主专制政体下，要求臣民一律服从法律的统治。这种法律是君主制定的，主要靠国家刑罚来保证实行。陈亮既非简单地主张"任人"而反对"任法"，亦非草率地主张"任法"而反对"任人"，而是兼而吸收"任人""任法"思想的长处，将"任人"与"任法"结合起来。陈亮认为法律是靠人来实行的，即使有"良法"，还得靠人掌握和贯彻。如果没有人来操作，"良法"也只能是一纸空文。而恶的法律没有贤人加以矫正，便只能造成恶果。因为"法当以人行"，不能让法自行。"以人行法"是陈亮对于宋代政治的理想期许，"任法"则表达了他的现实批判。

以法经世，尚功通变

陈亮的事功思想，决定了其法制观念重实用、直接为现实政治服务的特点。他认为"法度既成"，君臣才有定位。法制最基本的功能是确定君臣之位，主要是君主权利和大臣义务，这就是"王""义"，而维护君臣秩序，遵循法度规范，也就是"霸""利"。这样，以法制加强皇权，强化专制统治，把王霸义利有机结合起来，实现法制的经世致用的功能，达到"操纵与夺之权"归于君主，法行而人人归服的效果。但他又认为刑罚的作用是有限的，并不能从根本消除犯罪根源，应有与之相配套的制度。宋代以儒立国治天下，定王道于一尊，德泽有余而事功不足，以法制求事功以济儒道之所不及。故他在探求法制根底时，把法制与官民农商各阶层的现实问题结合起来，针对取士、磨勘、迁补及茶、盐、香、矾法之弊端，寻求解决途径，以法制解决社会问题。

陈亮以恢宏的气度，纵横历史，鸟瞰大势，从《易》《周礼》等经典中寻找变通的理论依据，提出法制变通的历史必然性，指出人们要顺应社会的需要，因时制法，健全人道。他认为法随着历史时代的变迁而表现不同，继承和发展了儒法入世的法治精神，又强调了法制经世致用、因时变通的特点。他认为法不只是一种规定，而且是一个过程，法因时而变，在变通中不断完善，故对以繁密著称的宋法不求变通予以挞伐，希望统治者遵循变通规律，既要以人行法，符合天理人心，还要以适当实用为原则。此外，变通类型和形式也是丰富多彩的，变通是必定的，形式是不定的；只有一定的规律，没有统一的模式，或"为迁延数十年之策"，或"为五六十年之计"，或"为复开数百年之基"。

陈亮认为三代法度中周法堪称典范，它通过全面而合理的规则确保了政体的公共与自由，人道由此臻至完备状态，政治权威由此获得充分坚实的保障。周代长达八百年的国祚，正是根基于这种理想法度。但是随着历史发展，周法在末世过于求备详密，并针对民众的背法而著于条目，转向成文法，开启了重视刑罚的法家倾向。秦不知变通，独取法家学说，放弃了周法的德治关怀，强化了法度流弊，导致权威独大，君民悬隔，且以天下迎合统治者的私欲，严重违背了法度的公共精神，使人道无法确立，君主的政治权威难以长久维系，因此二世而亡。

宋初针对唐末、五代弊政建立了国家法度，把各种权力集中于朝廷，有其现实合理性，但在发展中逐渐偏离了国初规模，数量增加，繁密多变，加之高度的中央集权导致地方郡县权力日轻，使得国家基础变得脆弱，政府权威难以壮大，庆历新政和熙宁新法都没有解决这个问题。南宋又延续法弊，致使国势日困。陈亮主张以本朝家法为前提条件，弄清法度确立的原旨和利弊作为调整的基础，提出积极有为的变法大纲。他的法制变通思想是针对社会事功提出的，认为要遵循规律和原则，根据条件，丰富形式，真正达到变而通之的效果。

综上所述，从陈亮人法思想总的倾向来看，显然代表了新兴商人阶层的利益，顺应了时代的潮流，在客观上有利于减轻人民的痛苦，反映了南宋时期事功思想及当时商品经济迅速发展的实际情况，具有进步意义。他实事求是地提出了比前人和同时代人更为系统、完整的任人、任法的法律思想，蕴含着朴素唯物辩证法的内涵，值得我们珍视。

第4章
史学著述及思想

陈亮通过潜心研究历史和审视现实，不仅在史学方面提出了一系列独创性的见解，而且编纂了很多史学论著以表达史学观点。他的事功思想在整体上以历史研究为一般基础，著有《酌古论》《策问》《三国纪年》《史传序》《汉论》《通鉴纲目》等历史著作，体现了他博古通今、古为今用的史学研究思想。他有着深厚的史学基础，在上书中多次引用历史事实，晓之以理，动之以情，努力说服皇帝遵从天命、一统中国，并为先皇所受的屈辱复仇。

史 学 著 作

乾道年间，陈亮在生活陷入困苦艰辛之时，依然心怀天下，攻读史策，笔耕不辍。他一度打算编写七部史传，通过辑录古圣先贤之事迹，来寄寓人生理想。虽然这些史传是否成书尚无确切之证据，但序言却完整地保存在《陈亮集》卷十三中，分别是《高士传序》《忠臣传序》《义士传序》《谋臣传序》《辩士传序》《英豪录序》《中兴遗传序》。根据这些史传的序言，还可以依稀了解这些史传的撰写内容、体例，体会作者蕴含其间的幽微旨意。

七部史传

《高士传》是一本汇集历代安贫乐道之高人隐士的传记，收入颜回、闵子骞、四皓、严光、黄宪、徐稺等一类高蹈出世之人。其中颜回、闵子骞为孔子高徒，颜回（前521～前481），字子渊，春秋时鲁国人。他为人谦逊好学，忧道不忧贫，以德行著称。他不幸早死，令孔子伤心异常。自汉代起，颜回被列为七十二贤之首，祭孔时独以颜回配享。闵子骞（前536～前487），名损，字子骞，春秋时鲁国人，以德行与颜回并称。他小时受后母虐待，穿用芦花做的棉衣，寒冷不禁。父亲不知情，斥责他懒惰并鞭打他，见衣绽处有芦花飞出，而后母之子皆厚絮，遂要将后母赶走。闵子骞跪下求情，得免。这些高士不求闻达于诸侯，习有常业，仕有定时，达则富贵，穷亦安乐。他们养性以安命，修道以成德，其人格光辉足以化顽民、正风俗。陈亮尚友古人，常为史书不能尽载他们的高风亮节而深感遗憾，故辑为一编，时时观览，以砥砺德行。

《忠臣传》是陈亮因读史所感而发怀古之幽情，抒胸中之不平，特为以武庚为首的一批忠义之士洗刷千古冤屈而编的史传。他设身处地，从忠孝人情出发，以一种全新的视角为这些一贯被正史目为叛臣的历史人物打抱不平。他认为评定历史人物的功过是非，应尊重事实，持论客观公正。武庚，商纣王之子，名禄父，幼时聪明好学。周武王灭商后，分商都为邢、鄘、卫三地，封武庚居邦地以继殷祀，殷民大悦。商亡第二年，武王死，子成王年幼，武王之弟周公旦代掌国事。管叔、蔡叔串联武庚起兵反叛。周公以成王命率军东征，武庚兵败，被视为叛臣。但陈亮认为武王灭纣，以仁义拯民，是替天行道。然忠孝为立身大节，臣洗君耻，子报父仇乃天经地义之事。武庚为报家仇国恨，奋不顾身，起兵反抗，其情可悯，其孝可嘉，不愧为忠臣孝子。像武庚、翟义、王凌、毌丘俭、诸葛诞等人，是公众谴责的对象，他们追随别人起兵造反，为君父挺身而出，虽死而犹荣，其忠肝义胆昭然天下，怎么能盖棺论定，视为新朝的叛臣呢？陈亮悲愤忠义之不彰显，因此编为《忠臣传》，以表彰这些被正统史家视为叛臣的"忠臣"。千古之下，诚为知己。

《义士传》是陈亮为表彰义士所编。他认为三代之王中，商朝的圣贤君主最多，他们以仁义道德治国，民心皆向。虽然纣王统治残暴无道，穷奢极欲，但百姓并没有群起而反抗。周文王虽三分天下有其二，深得民心，却也终身臣服于商。至武王以仁义之师伐纣，商遗民仍顾念先王恩泽，拒不归顺。他们于周朝是"顽民"，于商朝是义士。孔子赞许伯夷、叔齐之义，二人在周武王伐商之际，叩马而谏，陈述君臣大义，商亡后采薇首阳而死。一死虽不足以存商，却深明君臣之义。自二人而下，东汉义士尤多，王蠋、申包胥特立独行，所以追随效仿的人并不多。王蠋，战国时齐国画邑（今山东临淄）人，公元前284年，燕将乐毅攻破临淄，齐愍王逃奔莒州。乐毅使人重金礼请王蠋，封以万户之地。王说："与其屈从敌人，不如以死激励国人。"遂自缢死。齐人无不感动奋起，导访愍王，图谋复国。陈亮辑录义士，寄寓彰显义行、敦促教化的殷切之情。

《谋臣传》是陈亮录辑谋臣以备谋国者观览之作。他认为尧舜以德治天下，三代之王行仁政，春秋之际凭智谋夺天下，战国时则崇尚武力，汉代治国则兼济并用。至于非常时期，排难解纷，智臣谋士就显得重要。智谋之士行权以正，用智以理，使所有疑难迎刃而解。春秋各国策士，皆不足论。汉代以来，能够恰如其分运用智谋的人也不多，张良可谓最完美无缺的谋臣。在浩瀚的历史长河中，那些幸运的谋臣，经左丘明、司马迁的生花妙笔渲染，就流芳百世；反之，没有良史记载，再好的计谋也会在历史的天空中烟消云散。故陈亮特地以张良、陈平为首，其他删次论列，使其奇计可资参考，其贼亦足警戒后来者。

《辩士传》是为善辩之士立传。古时两国兴兵，必有使者在中间斡旋调解，化干戈为玉帛。他们是通向和平的桥梁，两国人民都赖之以平安。战国时期，各国争斗不息，一些寡廉鲜耻之徒以如簧巧舌，挖空心思利用双方矛盾谋私利，就和公然抢盗一样。这大概源于鬼谷子，而成于张仪、苏秦。鬼谷子，姓王名诩，齐国人。苏秦与张仪是其最杰出的两个弟子。苏秦凭三寸不烂之舌，合纵六国以抗秦，显赫一时。张仪凭其谋略与游说技巧，使六国合纵土崩瓦解，为秦国统一天下扫清障碍。纵横家崇尚权谋策略及言谈辩论之技巧，与儒家推崇的仁义道德大相径庭。风气所及，波及孟子、荀子、庄周，他们立言论事，都带有辩士的色彩。汉兴，辩士多不胜计。郦食其、陆贾、侯公、随何等人都以善辩闻名于世,他们的品行比战国时的辩士已经好多了,但与古代的贤使相比,还是有一定距离。陈亮辑录之以为使臣之参考。

《英豪录》是陈亮搜罗古代英雄豪杰事迹之作。他感叹南宋时君主圣明而英豪不继的现实,认为英豪天生,需有伯乐慧眼识别,加以重用。他述说了心中的英豪形象:宁愿老死也不会主动求用而自贬身价;虽风餐露宿、饥寒交迫仍以天下事为己任;见识卓绝而胆量过人,排忧解难、救危扶颠如囊中取物,手到擒来;任意行事而不拘礼法,因豪放不羁而被目为狂生,困而不达。可见,英豪多是不守成规,不循戒律,发前人所未发,行前人所未行之人。其特立独行的精神是改变现状、开创新局面的内在动力。这与陈亮何其相似!天下太平时,进贤任能为分内之职;国势危急时,为什么不创造机会让英豪们一展身手呢?因此,陈亮认为君主若求贤若渴,就不愁无英豪可用。于是,备录古代英豪事迹,睹其行而思其人,彰英豪之迹,感圣主之心。

《中兴遗传》的序言先记载了龙可、赵九龄的生动故事,他们既拥有高超技艺,又具备智勇果敢之谋略,擅长为国家排忧解难,处理突发情况。惜不为世用,在困穷中沉没而终。陈亮感慨自古战乱之际,英杰辈出,一时俱赴功名之会。自南宋初至今,已有许多豪杰湮灭无闻。故希望通过为中兴英杰编写传记，救起经义的坠失，补充志乘的不足。他按纂写体例分此为十二门：一为大臣，如李纲、宗泽、赵鼎等。二为大将，如种师道、岳飞、韩世忠等。三为死节之士，如李若水、孙傅等。四为死国之士，如种师中、王禀、徐徽言等。五为能臣，如陈则、程昌禹、郑刚中等。六为能将，如曲端、姚瑞、王胜等。七为刚直之士，如陈东、欧阳澈等。八为侠士，如王友、张所、刘位等。九为辩士，如邵公序、祝子权、汪若海等。十为义勇之士，如孙韩、葛进等。十一为群盗，如李胜、杨进等。十二为贼臣，如徐秉哲、王时雍等。

其他史著

《酌古论》共四卷二十一篇。每篇以一个历史人物为题，分别评论光武、曹公、孙权、刘备、孔明（上、下）、吕蒙、邓艾、羊祜、苻坚、韩信、薛公、邓禹、马援、崔浩、李靖、封常清、马燧、李愬、桑维翰十九位历史人物。对于这些或参与或指挥过重大战役的历史人物，陈亮只是着重军事活动上的分析和总结，探讨用兵成败的原因，并不作全面的评价。中兴和天下一统是《酌古论》的主导理念，而深谋远虑、克敌制胜是重中之重，攘夷尊宋又是现实考虑。可见，《酌古论》非一般的历史人物评论，而是将南宋的政治、军事局势作为思考基点来衡量评说西汉以来的历史人物。名义上是史论，实际上深寓现实，表现了他在用兵作战上主张，颇具战略眼光。这组史论，纵横捭阖，气势雄浑，援古证今，说理透辟，衡论史事，寄寓己志，熔北宋政事治平与经史博古之学于一炉。

《三国纪年》是陈亮融合纪传体与编年体的史著，西晋统一天下后，陈寿作《三国志》，以魏为正统；东晋偏安江左，与蜀汉类似，习凿齿作《汉晋春秋》，便尊汉抑魏；北宋时，司马光作《资治通鉴》，仍以魏为正统。《三国纪年》因袭司马光，仍以魏为正统，在对魏主的论赞中，加以推崇赞美。体例是纪年冠以甲子，前一部分是纪传体，略如一切正史的样子，而名称上则魏称"书"，蜀、吴并称"略"；后一部分是编年体，年经月纬，并列三国之年，似《通鉴》而稍异。陈亮考究三国的君臣、宗室、外戚、名儒、文士、近臣、刺史、太守、名将、猛将、高士、列女等行事，把意见与感慨写在每篇人物传记后的论赞中。《三国纪年》完稿后曾寄予吕祖谦请教，吕于淳熙二年（1175）夏回信，称该作的命意和笔势似司马迁，对作品的序言、编撰体例及所作人物论赞提出了一些意见。

《汉论》是陈亮对两汉帝王政治及功过之评价。他从事功方面肯定汉代诸帝特别是高祖、文帝、武帝、宣帝，东汉的光武帝、明帝、章帝七位明君的治功，但从道德方面批评其不足之处："乃若高皇之学，固于德不据焉。武帝之伪，宣帝之刻，光武、明帝之察察，皆于德不足焉。惟文帝、章帝之宽，仅足以言德，而一则不能容手足之爱，一则不能禁奸臣之横，无乃功有余而德不足也。"他肯定汉兴在于结束秦朝苛政，建立宽大的制度，使民众重获自由；赞美汉唐在政体上的分封、藩镇等制度在精神上继承了三代遗意，有利于国家政权的延续维系。他认为难以再用汉儒提出的三代忠、质、文循环的理论模式对汉唐以来的政治文化进行概括。可见，他主张事功和道德的统一，既反对"辨其德而掩其功"，又反对"功有余而德不足"，其皇帝王霸之学扎根于深厚的历史素养。

史 学 思 想

史籍"记成败存亡祸福古今之道"，是现实的一面镜子，阅读史书，以史为鉴，既能够从成败盛衰中汲取丰富的经验教训，又能从典制的因革损益中为今天的措施规划找出路，历来受到有识之士的重视。司马迁创作《史记》就是为了"究天人之际，通古今之变，成一家之言"。即经过对历史事件的重新研究，探求天道与人道之间的内在联系，通过斟酌变通以为经世之用。陈亮上承司马迁之志，以历史研究为基础，结合南宋政局，探索经世致用的方法举措，其史学思想围绕济世治国而发，别具一格。

经世致用的史学价值观

史学价值是指治史对个人和社会具有何种意义。朱熹和陈亮均认为读史、研史、修史有一定的借鉴意义，但最终要达至什么目的，二人的理解存在很大分歧。陈亮认为治史的价值是酌古而理今，而朱熹则认为治经史是提高心性涵养的手段和采用实证方法建构理学体系的工具，必须围绕着明辨天理的目的来进行。陈亮事功思想的理论基础是建立在究天人之际、通古今之变的历史研究之上的，并以"论今日之大计"的经世追求为出发点。他将历史研究与现实政治结合起来，研读六经诸史，推考历代皇帝的王霸之略，探究历史兴亡更替之规律，力图从史学中寻绎出解决当前政治经济问题的种种办法，以措置于南宋岌岌可危之时局。他在《上孝宗皇帝第一书》中，谈形势，进策略，阐述恢复中兴的主张时，非常注意引古证今，于事有据，于物有验，务使分析批判都能达到理备事足的境地。他分析周平王东迁以后，周王室衰落、天下分裂的原因是周平王不思发奋，如果周平王能正纲纪、修法度、纠合诸侯、扫荡犬戎，就会"文武之迹可寻，东周之业可兴也"。《酌古论》就是陈亮积极入世的表现，"得失较然，可以观，可以法，可以戒，大则兴王，小则临敌，皆可酌乎此也"。他在《酌古论》中首写光武中兴，借此来影射宋孝宗，可谓用心良苦。他还曾在《武侯赞》中联系靖康之耻，多有发挥，有补于世教。他的政治思想基本上是通过历史研究的方式来表达的，各种作品中不同程度地渗透着经世致用的史学精神。

六经皆史，经史一体的治史观

陈亮少年时就嗜读史书，入经出史，鉴往知来，充分地认识到史学的功能和作用。他重视治史，关心古今兴亡之变化、典章制度之沿革，主张经史一体，不可偏废，不分先后，可同时学习，将史书与经书看得同样重要。在他看来，《尚书》是历史之记录，旨在要治国者"明于事物之故，发言立政，顺民之心，因时制宜"；《诗经》为人情之记录，旨在"使天下复性情之正，而得平施于日用之间"；《周礼》是国家制度之记录，载"先王之遗志"，集"百圣之大成"，备"人道之大全"，"人道备，则足以周天下之理，而通天下之变"；《礼记》是日常生活礼仪的记录，旨在主敬和尽心，使人"动容周旋无往不中"；《春秋》是天子之事的记录，非孔子之作。"其文则鲁史之旧，其详则天子诸侯之行

119

事，其义则天子之所奉若天道者"；《易》讲的是事理原则，《春秋》是《易》理在人事上的推阐运用。总之，在他眼里，儒家经典都是历史的记录，儒家的精神就是直面生活的挑战而作出的全面回应。

这种治学思想与理学家完全不同。朱熹则因为以陈亮、吕祖谦、叶适为代表的浙东学派过于重视史学研究而排斥史学。他说阅读历史著作只是像看人打架，非但不能从中得到什么好处，弄不好还会把人看坏了。在他看来，陈亮的学术之所以斑杂不纯，陈亮没有成醇儒，一个重要的原因就是历史书看得太多。为此，朱熹提出了"读书须以经为本，而后谈史"的主张，要求学者专在四书五经上下功夫，认为读史和诸子之书只能为读经服务，目的在于穷理尽兴、治心修身，以正心诚意，上通天理。至于考订经制，肆力文章，更是无关宏旨的小事。可见，二人因史学观不同，对史书功能看法不同，读史的要求也各不相同。陈亮认为史学在于"明义理"，无论是编撰史书还是阅读、考证历史，都要以究名义理为要务。通过对历史的探究，不仅明了历代典制因革变化之由，而且从历史发展过程中破译切合现实的合理因子，从而支持、丰富自己的学术观点。因此，他珍视文献资料的整理，研究历代兴亡成败，考订各朝名物制度，从中去领会治道，测古证今，变化应用，在大量真确可靠的史实中考究出带有规律性的经验，并在治学中发扬切近人事、不托空言、实事求是的史学精神，以供当前施政参鉴。他以"实事实功"的唯物主义哲学来研究历史，分析现实，观察社会人生的辉煌成果，针对当时的社会现实提出具有浓厚事功色彩的实学思想，可以说是其政治主张的一种延伸和发挥。

变通发展的史学观

陈亮在治史、鉴史的过程中注意用变通发展的哲学眼光去研究历史。他认为历史是变化的，"自麟止以来，上下千五六百年，其变何可胜道，散诸天地之间，学者自为纷纷矣"。又"古之帝王独明于事物之故，发言立政，顺民之心，因时之宜，处其常而不惰，通其变而天下安之"，又"自伏羲、神农、黄帝以来，顺风气之宜而因时制法"，周公"变通之理俱在"。即以变通为标准评价历史，指出从古到今每一个朝代都是因时制宜、变通行事的，故要"明于天下之大势，通古今之变"，才能适应形势需要。

陈亮认为研究历史就是为现实服务，而人类社会在不断地发展变化，应从具体的社会实际出发，用历史的眼光来衡量事件，注重历史事实和人事的演变，把握历史发展的大致趋向，用心探究历史发展的内在规律，为现实政治的运作提供历史借鉴。他还认为"今胜于昔"，主张因时制宜地变通。

他说"臣恐祖宗之积累亦不足恃",指出祖宗旧制已成为国家发展的桎梏。又劝勉孝宗"至于今日,而不思所以变而通之,则维持之具穷矣"。陈亮之言切中时弊,鞭辟入里,惜乎统治者不能变通,终致亡国。

陈亮的变通思想还体现在《酌古论》中,认为同一对策,有的因之而胜,有的因之而亡,同一事件,处理方式截然不同,却收异曲同工之效,其关键在于审时度势。时代不同,形势不同,对象不同,就应变通行事,才能立于不败之地。他说:"智者之所以保其国者无他,善量彼己之势而已矣。"君主要保全社稷,要善于审时度势。他批评苻坚"好大而自忘其丑,贪功而不顾其后",一意孤行,不听忠言相劝,不该攻而攻,自取灭亡,是不知变通的典型;赞美孙权能"观其势,审其人,随其事变而沛然应之,切中机会而未尝有失",并对其审势而行、力排众议、联刘拒曹的睿智之举予以肯定。

陈亮在与朱熹的争辩中,也持变通发展的历史观。朱熹以经论断,主张道是不变的,三代之治尽善尽美,只可以照着行事,不可标新立异。汉唐诸君陷溺于利欲之中,行霸道,无法与三代相接,将历史划分为截然不同的两段。陈亮则认为历史的发展是前进的、连续的。三代政治虽很完善,但也仅是历史发展的辉煌期之一。汉唐之君的本领宏大

122

开阔，所建功绩足以与汤、武事业相媲美，其心亦可以上接夏、商、周三代，是值得后世赞扬仿效的。同时，他又认为历史是循环的，"六十年一变"，因此劝孝宗要抓住历史机遇，完成历史赋予的使命。

黾勉行道的历史认识论

陈亮认为道即现实，道在事中，天下无事外之道，而在天地人三才中，人的作用是非常重要的，道的存在是通过人本身的存在被证明的，道运动的意义与价值在人的世界才能获得显现，故人应当在具体事务中历练，勉力而行其当行之事。而《易》中"天行健，君子以自强不息"的精神也是对个体奋发有为的精神的一种肯定和勉励。基于这一观念，他认识到了人在社会历史发展中的作用，肯定事物的可知性，重视发挥人的主观能动性，他说："天下大势之所趋，天地鬼神不能易，而易之者人也。"他以历史中"人谋"和"有为"的效应来进行印证，认为光武帝"中兴之功远过古人者，虽天命，亦人谋也"。

陈亮认为真正的儒者事业当见之于实事实功之中，故当"勉强行道"以实现个人的人生价值，而是否达到了预期目标，必须以能否取得经世济民的实际功效作为评判标准。他认为时机无常，主要靠人的努力，要善于积蓄力量，抓住机会，积极利用人的谋略来扭转大局。人只能顺应历史的发展，因势变通，否则便会被历史淘汰，人力便会无能为力。他在诸经之中较推崇《春秋》，突出强调孔子在人道废绝、沦为禽兽夷狄而举世苟安之时，心系天下，惶惶奔走，力图有所作为的精神，以此来激励孝宗的恢复之志，使《春秋》经世致用的主旨得到了更为深刻的阐发，《春秋》成为他推陈出新、鉴古知今之社会政治思想的重要经典依据。

第5章

经济思想及理财观

陈亮作为浙东学派的代表人物，他的事功经济思想主要是围绕现实的各种问题和弊端展开的，表现出很强的现实性和变革意识，但并不局限于就事论事的分析，而是从整个国家、社会乃至历史发展的角度来审视和思考，由此分析产生问题的原因所在，提出解决问题的方法和途径。他的经济思想主要散见于政论文中，如《问古今财用出入之变》《问理财》《问榷酤之利病》《渡江后郊赏数》《国初至绍熙天下岁收数》《问汉唐及今日法制》《书林勋本政书后》等。

经济思想

陈亮在经济思想方面，反对"抑末厚本"，主张"农商并重"，鼓励农业和商业发展，鼓吹富人在社会经济发展和国家强盛中的作用，提倡保护富人，倡导轻徭薄赋，减轻农民剥削，与民休息，从而实现藏富于民，最后达到民富而国强、百姓安居乐业、国家中兴统一的目的。他的这些主张符合时代发展的要求，至今仍有借鉴意义。

"民为邦本"的重农观

"国以农为本，民以农为重"，农业是富国的根本，要想发展封建社会生产力，必须保护农业劳动力。就物质财富而言，农产品是古代社会最重要的财富，而农业生产是形成财富的最主要途径。在自给自足的自然经济时代，农业是整个古代社会决定性的产业部门，农民作为农业生产的主体，担负着创造社会财富的重任，因此，陈亮在谈到富国问题时，势必离不开对农业、农民"两农"问题的关注和阐释。他看到农业是国家收入的主要来源，是富国的基本保证，因而把重视农业发展作为实现富国的必要途径。

陈亮认为，对百姓横征暴敛虽能一时增加赋税，但最终必然使民力日困、国势日衰，无异于饮鸩止渴、竭泽而渔。南宋统治者为了应付急剧增长的开支，通过各种手段加紧对百姓的搜刮，致使"岁无水旱而财已竭，边境晏然无虞而盼盼焉若不能以终日"。对此，陈亮列举历史上暴秦败亡和西汉兴盛的史实加以讽劝。强盛的秦王朝之所以迅速败亡，就是因为"秦始皇为己而忘民，厚己而刻民，重赋苛敛以肆其欲"，"一旦民力竭，而秦亦亡"；而汉文帝采取休养生息、保护农民的政策，"不求富国而求富民，故为治之先，勤勤于耕农是劝"，使汉初萧条的社会经济得到复苏与发展，国家逐渐走向兴盛，最终成就了"文景之治"的太平盛世。所以重农方可立国，富农才能强国，只有保护农民，"裕民力而俾之安于耕"，才能发展农业，增强国势。

陈亮建议，要解决日趋严重的土地兼并问题，乐施善政。陈亮生活的乾、淳时期，土地兼并问题十分严重。官僚地主占据大批良田，"割人以自奉，役人以自安"。而广大自耕农则丧失土地，沦为佃农，生活困苦，灾荒之年更是难以活命。陈亮以东汉章帝的善政为例，劝勉孝宗应像汉章帝那样"除惨酷之科，解妖恶之禁""复平徭役以惜民之力，简赋敛以爱民之财""体之以忠恕，文之以礼乐"，使百姓如沐春风。反之，民生问题如果不妥善解决，则极易引起内乱，影响国家的长治久安。最后，陈亮提出了稳定农民生活的主张：一方面，采取种种措施使劳动力相对固定在土地上，以保证农业生产的正常进行；另一方面，充分开发利用现有资源，提高生产效率，解决农民的温饱问题。

陈亮借古代圣王的做法来表达发展农业、与民休息的理想。建议把天下田地分为三部分，分别作为政府不同支出的固定来源，并以山林川泽之收入作为机动经费，使民尽力于其间，而收其贡赋，以佐国用，以纾民困。这在土地私有制发达、土地买卖盛行的南宋显然是行不通的。

陈亮还提出要发展农业，必须重视水利建设。宋代统治者对水利建设历来是很重视的，但一些水利工程，不但没有起到避免灾害的作用，反而劳民伤财，损害了农民的利益。因此，他希望政府高度重视此问题，革除种种弊端，从根本上解决水患，变患为利。与此同时，他还鼓励门生们潜心研究水利，"使实利及民而惠足以为政"。

"农商一事"的富民观

在中国封建社会，重农轻商思想一直是经济思想的主流，厚本抑末是历代统治者一脉相承的基本国策。宋代商品经济已经相当发达，人们也渐渐改变了商为末业的观点。陈亮适应时代发展的需要，在强调农业为立国之本的同时，又充分肯定商业在促进社会经济发展和提高百姓财力方面所起的重要作用，明确地提出"农商一事""农商相藉"的观点，变"以农为本"为"农商皆本"，变"富国"为"富民"。他认为，农业和商业都是社会经济不可缺少的组成部分，两者并无高低轻重之分，"官民一家也，农商一事也。上下相恤，有无相通"。农商之间不是相互对立和排斥的，而是互助互利、互为促进的。"商藉农而立，农赖商而行，求以相补，而非求以相病。"农业的发展是商业繁荣的基础和前提，而商业的发展又是促进农业可持续发展的强大动力。同时，由于农业生产易受水旱等自然灾害的影响而具有不稳定性，商业的发展既有助于避免丰年时的谷贱伤农，又可在灾年帮助农民渡过难关。若一味抑商，只能使"平民日以困，货财日以削，卒有水旱，已无足依"。一旦遇战事，则很容易导致民愈贫、国愈弱的局面。所以商业对于富民强国具有十分重要的意义，在某种情况下，商业的繁荣决定了社会经济的繁荣。只有真正做到农商"有无相通""求以相补"，经济才能发展，才能达到民富而国强的目标。

首先，陈亮反对北宋以来所盛行的"困民"以"富国"的做法，主张"宽民"、"富民"、保护富民。百姓生活的稳定和富裕充足，是一个国家持久强盛的前提，也是确保政府财政收入不断增长的基础。他强烈要求朝廷放弃各种苛敛之政，切实减轻农民的负担。如果一味地加深剥削，虽能暂时增加政府的财政收入，但最终会将人民逼上反抗的道路。因此，陈亮告诫统治者以史为鉴，懂得只有轻徭薄赋，减轻百姓负担，使之拥有一定的财富，才能形成"内外自实，人心自同，天时自顺"的繁荣局面。他认为经商是发家致富的重要手段，对个人和社会都非常有利。在《上孝宗皇帝第一书》中，他批评王安石变法"惟恐富民之不困也""惟恐商贾之不折也"，认为这是"不知立国之势""不知立国之本末"的行为。总之，陈亮要求统治者解放思想，拓宽思路，改变以往的重农抑商的经济政策，改变靠增加赋税、巧取豪夺来增加财政收入的做法，树立起民富才能国强的观念。

其次，陈亮建议实行有利于商业发展的政策。政府对商业是扶持还是压制很大程度体现在税收上，是否实行宽商政策，直接关系到商业的发展与繁荣。陈亮强烈反对向工商业征收重税的做法，认为繁重的赋税是导致大批工商业者破产的直接原因，会造成商业萧条，社会经济发展缓慢。他认为政府对商业活动进行管理并征收合理赋税以充国用是无可非议的，但这必须以推动商业的正常发展和促进社会经济的繁荣为前提。

再次，陈亮认为应注意保护商人，肯定经商的合法性。陈亮认为，政府应该采取切实有效的措施来保护商人，承认商人正当经营的合法性，并保护其私有财产不受侵犯，特别是要保护富商巨室的私有财产，反对"困商贾之说"。他认为，经商是一种正当的谋生手段，与利用各种不正当手段发财有本质区别，不可混为一谈。他还对王安石变法中的如重农抑商、抑制富商大贾、无视商人利益的观念进行无情的批判，认为困商贾的做法不但无助于社会贫富分化问题的解决，反而会使大批商人破产，增加国家的负担，不利于强国富民目标的实现。

最后，陈亮认为国家必须正确看待商人的社会作用，提高商人的社会地位。他认为统治者必须树立"经商之人亦是才"的思想，才能推动商业发展，充分发挥商人的社会作用。成功的商人对社会和国家的贡献更大，其才能不会逊色于科举之士，理应取得合理的社会地位。陈亮对于那些品行端正且有才能的富商巨贾是相当推崇的。他声称曾有过从商的念头，可见对商业和商人地位的肯定。

"轻徭薄赋"的宽民观

在陈亮看来，要提高百姓财力，首先必须减轻他们的赋税负担，这看起来似乎与解决财政困难相矛盾，其实正是从根本上实现社会发展与财政增长之间良性循环的有效途径。因为只有实现百姓的富裕，国家才能真正繁荣。宋室南渡以来，出现了空前严重的财政危机，其根源在于统治者为应付大量军费开支和穷奢极欲的生活开支，加紧搜刮百姓财富，各级官员竞相以"括隐漏为功"，获利于民，造成民贫而国弱的局面。陈亮说：汉武帝"穷兵黩武，好神仙，嗜游幸，喜兴作"，役民无度，使"海内虚耗，户口减半"。这与周厉王之"板荡"、始皇之"惨酷"一样。汉昭帝吸取历史教训，即位之初就"举贤良，问民疾苦……免贫民口赋。凡一事有不便于民者，汲汲而除之，惟恐或后"，于是"汉以之兴""民心遂安"。因此，他建议统治者以史为鉴，认清南宋"地半于承平之时，而岁入倍之，财于何而可生"的道理，仿效上古"圣君明主"的做法："古者用民，岁不过三日，什一而税；不立意以罔民利，不喜察以导民争"，使之"各力其力以业其业，休戚相同，有无相通""裕用于上下交窘之时，布信于法禁之所不及"，如此则"民是用宁，礼义是用兴"。

基于此，陈亮强烈反对向农业、工商业征收重税的做法，要求统治者放弃与民争利、"设计取巧"的政策。当时加在农民身上的苛捐杂税多如牛毛，以致有人发出"不可以遍举，亦不能遍知"的感慨。南宋国土面积只有北宋的五分之三，赋税却远远超过北宋。据史料记载，熙丰年间北宋赋税最高岁入六千余万贯，而南宋淳熙时年均岁入达6570万贯。农民的生活在沉重的赋税压榨下极端困苦，"愁叹之声闾里相接"，甚至出现了"生子往往不举"的惨象。陈亮面对"民力困重，饿死者众"的局面，强烈要求统治者放弃现行的苛政，仿效古代圣贤君主轻赋减税、与民休养的做法，使"民是用宁，礼义是用兴"。当时加诸工商业者身上的赋税不仅名目繁多，税网密布，而且税额沉重，税务苛刻。税场对往来商人"拦截叫呼，或有货物则抽分给赏，断罪倍输倒囊而归矣"，以致被称为"大小法场"，言其苛征暴敛"酷如杀人"。

与此同时，南宋政府还对盐、茶、酒、矿产等生活和生产必需品实行严格的专卖制度，从中牟取暴利。繁重的税收导致大批工商业者纷纷破产，不少手工业者和中小商人被迫走上反抗的道路，社会秩序混乱。陈亮大胆抨击南宋政府的这些做法，指出"民生嗷嗷，而富人无五年之积，大商无巨万之藏，此岂一日之故哉"，说明长期的苛商政策造成了富人不富的局面。他认为，如果政府能做到"于保民之间而获其利""则必有道也"，相反，若"上下交征微利，则何以保斯民而乐其生哉"？

"惩贪保富"的财富观

南宋时，各级政府和大小官吏在执行各项政策时，往往"设计取巧"，与民争利之风兴盛，这成为富民政策落实的一大障碍。政府官员的贪残行径已经严重阻碍了百姓致富，以至于达到"民无留藏，地无余宝，利自一孔以上皆入于官"的地步。所以陈亮感叹道："后世之贪吏独不可化哉？……谋利之心终不可夺也。"宋代一大弊病是冗官成灾，与民争利的官僚队伍庞大，陈亮认为光靠说教感化是起不到实质性作用的，而应该考察古代的经验和制度，制定相关的法律来惩治贪官污吏，从而净化官场，缓和社会矛盾。

自孟子提出"为富不仁"后，世人多把道德和财富对立起来。陈亮则认为，财富和仁义并不是对立的，"仁者天下之公理，而财者天下之大命"，强调人为地将义与利，仁与富割裂和对立起来乃主观之迂见。陈亮还从人欲的角度论述了追求财富的合理性。他说："人生何为？为其有欲。"每个人都有一定的欲望。他还充分肯定了戴溪提出的"财者人之命"的观点，认为这是"真切而近人情"的，并强调对人们的物质利益不能以仁义道德之类的"空言"为借口去"劫取"。他认为求富的欲望对于那些有能力、擅长经营的人来讲，具有现实性，是合情合理的，而对于那些庸庸碌碌之辈只能是空想，社会财富的分配不应该也不可能是平均的。如果人为地抑富济贫则会使有才者受到压制，从而打击其创造财富的积极性，同时使平庸者坐享其成，社会失去发展的动力。

陈亮认为，对那些不择手段巧取豪夺的豪强地主、商人固然应予以限制和打击，但对那些靠自身能力，以合法手段致富的地主和工商业者，则应给予保护和支持。陈亮从谋求国家繁荣富强的目的出发，提倡保护富民。在他看来，那些经营有方、田产巨大的豪富不仅能带动农业的发展，而且是人们致富的榜样。争取富裕，过上安逸舒适的生活，是人的本性和天生的欲望。人为了满足这种本性和欲望而努力探求致富的途径，可以提高社会生产力，增强国力。陈亮积极主张人们致富，但明确反对为求富而不择手段。他还认为即使是正当的致富手段，也有优劣之分。他主张让商人放手经营，对"贫富不齐"现象采取"听其自尔"的态度，从而积极追求富裕。商业发展了，商人富裕了，国家的财力就增加了，应对财政困难的能力就增强了。

综上所述，陈亮已经认识到富民与富国的内在联系，鉴古而论今，并以此为思路深入分析与国计民生相关的一系列现实问题，从而形成了系统的重事功、讲实际的事功经济思想。

理 财 措 施

陈亮是浙东事功学派的代表，他一生积极倡言"事功"，注重学术研究的经世致用，对现实社会的诸多领域都有深入的思考。他针对当时南宋政府日益严重的财政危机，从管理体制、政府支出、中央与地方的财权分配、百姓财力与国家财政的关系等方面入手，提出了一系列观点和主张，试图找到一条摆脱现实危机、实现民富国强的有效途径。

改革国家理财体制

陈亮对财政问题的思考，首先是围绕管理体制展开的。他认为造成现实财政危机不断加深的一个重要原因，是长期以来管理上的机构重叠、权限不清。宋初实行高度统一的财政管理体制，由盐铁司、度支司、户部总掌财政大权，统一管理全国赋税征收和财政支出。宋神宗元丰改制后，三司被撤销，其职权分散到户部和各漕司寺监。南渡后，虽陆续采取了一些意在提高和加强户部地位和权限的措施，但政出多门的状况并没有明显改变，如中央一级，除户部外，又有内藏库、左藏库、御前桩管激赏库、左藏封桩库、合同凭由司等众多管理机构。陈亮对此提出了尖锐批评，指出："夫户部天下之财也；内库天子之财也；南库又宰相所领之财也。以制国用之权而不能合其二以为一，顾分而为三，则户部愈不可为矣。户部之财分之诸司，其利源固已不一，徒欲取赢于郡县，安所从出哉？"

陈亮认为这种混乱的管理体制直接导致了两个消极后果：一是由于多头管理，条块分割，致使税源分流，支出失控，有限的财政收入没能有计划、有重点地合理使用。作为国家财政主管部门的户部收支失衡，不得不通过增发纸币、出售官田等非常手段来弥补巨额赤字。同时内藏库、左藏库等部门却是钱物山积，滥支滥用情况严重。如内藏库在宋太宗时"岁入不过钱百余万缗，银十余万两"，到宋高宗末年已是"内帑山积"，以至于时人有"天下财赋，半入内帑"之说。由宋孝宗创设的左藏封桩库，最多时仅现钱一项就高达四千七百万缗，相当于同期全国年税钱总收入的近三分之二。二是由于各个财政部门都有自己的管理体系和赋税征收指标，各级地方政府疲于应付，许多官员遂唯以取财为己任，搜刮聚敛，无所不能，由此产生了种种弊端。

　　陈亮认为要解决财政危机，必须改革管理体制，整顿混乱的财政秩序，借鉴宋初以三司为核心统一管理的经验，以强化户部职能为改革重点，注意避免因过于集中导致管理僵化、效率下降的极端化倾向。首先，裁并管理机构，扩大户部的管理权限和范围。除保留作为"天子之财"的内藏库外，其他一概裁撤，使户部真正成为管理全国财政收支的最高机构。同时，内藏库也必须置于户部的有效控制下，以防过度挤占政府赋税收入和滥支滥用现象的发生。这样才能保证财政收入有计划地合理使用。其次，整顿税吏队伍，严肃财政纪律，加大对腐败行为的惩处力度。各财政部门之间的互相排斥和各级财政官吏的徇私舞弊、贪赃枉法虽不是导致财政管理混乱的根本原因，但在其中起了推波助澜的作用。如许多官员"往往或以贿闻"，常与平民、商贾争利，而郡县、关津不能禁；不少地区各级机构皆设有私库，"去来无常人，收支无定籍，所得盖不足以偿其费，而民之破家械系者相属也"。可见，若不对此严加整治，财政管理效能会大打折扣。故在整顿机构时，要明确各部门及官员的具体职责和权限，建立系统合理的考核奖惩制度，对违制官吏，一经查实，严惩不贷。

合理配置中央与地方财政

南宋财政体制的弊端除了管理机构混乱、政出多门外，还表现为中央与地方财权分配的失衡。一方面，财权高度集中于中央各部，且彼此分割；另一方面，地方政府没有相应的财权，常陷于财政枯竭的境地，造成各地州县"上下熬煎、支吾不前者居其大半"的局面。因此，陈亮进一步深入探讨了中央与地方的财权分配问题，要求当政者从现实形势出发，适当扩大地方财权。他认为加强中央集权是维护国家统一、防止分裂的必然途径。宋初吸取唐末五代藩镇割据、君弱臣强、正统数易之祸的教训，将地方兵、财、政权收归中央，由天子纲纪总摄，郡县不得自专。但一味强干弱枝，就会产生消极反应。故宋初在加强地方控制的同时，又采取"宽郡县"之策，给地方有限的自主权，以提高各级政府的应变能力，以防不虞之备。后世统治者不明此理，只知对郡县严加管束，致使地方空虚，而枝干俱弱。尤其是在南渡后，外患内乱交替，中央政府本应对此加以变通改进，却变本加厉，使"郡县无遗财，诸司无宽用"。各地政府为维持正常开支，便巧立名目，加紧对百姓的搜刮盘剥。"租入加耗之无算，义仓支移之不时，利和杂之赢，取力胜之利"，虽"法禁非不严，议论非不切，而郡县恬若不闻，而行之若当然者"，最终造成贪官污吏假公济私，穷困百姓了无生计。

陈亮在倡导扩大地方财权的同时，又进一步提出如何增加地方储备的问题。他认为要增加地方储备，增强郡县在财政上的应变能力，有两条途径：一是通过分拨部分杂税留藏于地方，同时严格禁止地方自行额外科敛；二是整顿和恢复传统的常平、义仓制，改变长期以来各级官府借常平、义仓之名变相搜刮百姓的做法，使其在预防人祸、备荒济民中充分发挥作用。陈亮认为宋初建立的常平、义仓之法，一度实行得相当不错，使"民有所恃赖，盗贼无以生心"。但后来日渐败坏，"支移借用不复旧典"。南渡后，则更是徒有虚名。一旦遇到天灾人祸，一夫疾呼而响应者众，风起云涌，社会动荡，将会危及社稷。故有必要全面整顿常平、义仓之制，重新建立起严密的管理制度。只有使地方留有余财，才不至于随意挪用常平、义仓之储备；而重整常平、义仓之法，又可增强郡县应对天灾人祸的能力，稳定百姓生活，进而有助于经济的发展。二者有效地结合起来，并得以真正落实，则"天下之财日以裕，郡县之用日以足"。陈亮主张"宽郡县"的根本出发点还是减轻百姓负担，"宽民力"以"强国力"。认为政府理财的目的是利民、富民，不应该与民争利，而要藏富于民。只有民富，才能实现国富，国富的目的最终还是民富。

政府财政危机对策

南宋政府的财政危机主要表现为入不敷出现象日益严重。陈亮认为导致这种局面的直接原因不是赋税收入的不足，而是支出的无节制增长和管理混乱所造成的使用不当。宋室南渡后，虽辖域较北宋大为缩小，但赋税收入却有增无减。然而，财政支出增长速度更快，所以一直以来的财政危机非但未能改善，反而陷得更深。如何才能有效地控制支出增长和合理地使用经费呢？陈亮认为仅从财政角度进行整顿是不够的，还必须改革政治、军事等领域的相关体制，才能标本兼治。

首先，整顿官制，裁汰冗员，削减庞大的"百官有司之俸"。官吏队伍严重膨胀是宋朝的一大积弊。南渡后这种现象更为严重。如高宗末年，仅浙东路在籍的正式吏员就有四千人之多；孝宗中期，在职和候补京朝官近万人，远远超过北宋规模。冗官滥吏不仅导致各级政府办事效率低下，官风萎靡不振，而且给财政带来了沉重负担。故陈亮要求统治者全面改革庞大而腐败的官僚体制，做到"任贤使能以清官曹""减进士以列选能之科，革任子以崇荐举之实""精择监司以清郡邑""严政条以名实"，这样既可澄清吏治，又可减轻财政负担。

其次，裁减"郊祀宾客之费"，罢撤一切冗滥支出。郊祀是宋廷定期举行的一项重要典礼，规模庞大，且常常要遍赏官吏、将士、宗戚、阉宦以及医祝胥皂之人，所费动辄以数十万计。陈亮认为这种典礼虽事关礼制，固然不能废止，但在外患严重、疆土日蹙、国势不振的形势下，统治者应明立纲目，以节浮费，缩小祭祀之类的规模，停止滥赏，以便将有限的钱财用到国家急务上。

最后，改革军制，节省军费。宋朝因与金朝的战争和对峙，一直保持着庞大的军队，军费开支成为财政的最大负担。孝宗时期，年支出一度高达八千万缗，超过了税钱总收入。大幅度地降低军费无疑是控制支出增长的关键之一。陈亮认为要做到既减少军费又不影响军队战斗力，就必须改变现行的募兵制和职业兵制，代之以传统的兵农合一制。平时为民，战时为兵，无事皆良农，有事皆精兵，这样不仅可以使百姓"智愚各得其所，而上下各安其业"，而且可以为国家节省大量的养兵费用，有利于社会稳定和经济发展。

综上所述，陈亮针对宋廷混乱的财政秩序，强调管理的集中与统一，又注意到中央与地方财权和资金的合理分配；针对宋廷入不敷出、国库空虚现象，他既强调要控制支出无节制的增长，又不局限于单纯从财政领域寻找原因和办法，而是与政治和军事等领域的改革联系起来；针对国弱民贫的现状，他猛烈抨击统治当局的重赋苛敛政策，又不停留于一般性的呼吁减负，而是从民力与国力、富民与富国之间的内在关系出发，要求各级政府和官员真正树立起民富才能国强的观念。他的思考既基于现实，又超越了现实，他所论述的中央与地方的关系、富民与富国的关系、农业与商业的关系等问题，实际上是封建时代普遍存在的问题。他的经济观点或主张，就当时的历史环境而言也是相当深刻的，尤其是对商业的地位与作用、农商关系、富民和富国的关系等问题，其认识达到了那个时代的最高水平。

第6章

教育实践及教育思想

陈亮是一位杰出的教育家，不仅表现在他的教育实践及其成果，而且体现在他的教育思想上。他作为一个具有特殊经历和独特个性的人才，意气风发、才华横溢，却又命运多舛、遭际坎坷，他曾多次叹息"屠龙技虽成而无所用"，怀才不遇的深切体会使他的教育思想带有强烈的时代色彩。他讲究实事、实业、实利，反对空谈性命道德之学，呼吁为英雄豪杰脱颖而出创造合宜的政治条件。因此，他通过潜心研究历史，审视现实，在教育实践的基础上，提出了一系列与众不同的教育理论和观点。

教育实践与探索

成立保社

陈亮从乾道八年（1172）开始，在家里招收远近的生徒，开展教学与学术研讨活动。当时的理学家多以书院讲学为事，强调教人修性悟道。陈亮为表示讲学宗旨的不同，乃别立"保社"之名，继承孔子私学精神，以博学多识为基础来培养俊秀之士，以期为国家输送实事实功之才。他在日常学习中教导他们以天下为己任，培养他们知类通达、经世致用、修己以安百姓的各种才能，从而真正承担起救国、保国、治国的责任，而不是做只有内省功夫的"醇儒"。他长期隐居乡里，教育活动也曾因二进太学、六上帝书、二入牢狱等事时断时续，但始终以授徒为业，通过教学宣扬事功学说，形成了独具特色的事功教学理论。

在保社开办初期就学的主要有喻民献、吴深、林惜、钱廓、孙贯、徐硕、喻侃、喻南强等人，多为血气方刚、豪气凌云的青年。陈亮针对社会对人才的需求，主张培养明道义、有实学、文武兼资、德才兼备、智勇仁义交出并见的俊秀之士和时代新人。他提出最低的教育目标即"学为成人"，培养学生的独立见解能力和处世能力。最高教育目标是培养"堂堂之阵，正正之旗"，能"推倒一世之智勇，开拓万古之心胸"，经得起"风雨云雷交发并至"之严峻考验的非常之人。他除讲授"五经"《论语》《孟子》外，重点传播经世致用的事功之学，使学生在学文献、通治道、本分工的基础上，融会广博的知识以通世变。他在教育中还注意发展学生多方面的艺能和观古察今的才智，反对以迎合科举考试为目的去培养人才，要求学生文武兼修，受"成人"之教。他还强调民生日用，特别是农事，但他并不教学生练习剑盾武功或耕种生产，正如孔子私学不教稼圃一样。

教学研究

陈亮讲学先后达十余年，《六经发题》《语孟发题》等就是他与学生讨论时用的讲义。他尊孔重孟，认为学习之要有二：一为下学上达；二为不能举其一而遗其一。他以"五经"为教学内容，但却不拘泥于章句，而是要求学生从经书所载的治迹治道中得到启发参证，研究当前的事物器数，因时制宜，发为平施于民生日用之间的实政。"经"在他看来，不过是具有史料性质的古代文献，可以参考借鉴，损益变通。《经书发题》各段结尾多说"故将与诸君参考异同以有待焉""尝试与诸君共之""方将与诸君商榷其所向而戒涂焉""愿比诸君求其所以兴者"一类的话语，并不把个人观点强加于后学，或自己说了就算数，不许学生提出异议。他认为对六经诸史进行反复推敲和研究，可以看到自然界的变化和人们社会活动中成功与失败的经验教训。懂得观察天象奥妙和针对不同形势采取相应措施的好处，就是像长江、黄河那样具有宽阔的胸怀，汲取各方面的知识，并且永无止境。如果努力学习，那么天下所有的学问，都可以为己自由运用。

教学相长，陈亮在这期间对北宋理学也曾登堂入室，潜心研读，借鉴吸收，博采其合理的成分，扬弃不赞同的地方。他将周敦颐、张载和二程的论著辑为《伊洛正源书》，以备日览。又辑张载、二程论礼乐法度的言论为《伊洛礼书补亡》，精选张载与二程谈论政事和典章制度的言论，编成了《三先生论事录》，既说明理学最初的发起人是关心现实问题的，又体现了他吸取和借鉴理学经典中符合自己思想旨趣的因素并为己所用的胸怀。他又刊刻了《程氏易解》《杨氏中庸解》《胡氏春秋解》《春秋比事》等书，并给予了它们很高的评价。总之，他在整理北宋理学诸家的心性义理之学时，侧重于讲明法度、考订典制的相关著作。他认为法制的精义不在制度本身，而在于对时代的适应。他从实际出发体认到，抓住法制精微的精神，运用才智因事作则，注重变

146

通，建议制定适时的礼法以得人伦之宜。

六经皆史供取舍

陈亮面对国家民族的困境，以一种英雄式的生命形态解读和体悟六经。他认为经书的功用是治理天下、提升人们生活品质，故在研读时应关注其蕴含的实事实功的经世思想。他写了《六经发题》《语孟发题》对儒家经典的根本精神进行探讨，无分篇析句之烦琐，无故作高明之玄思，而切于人伦日用和治国之道，并以此与学生研讨。

他认为儒家经典是圣人先王大有作为的记录与总结，在流传中有待于后人应用这份经验来直面生活，而不是以对经典的讨论作为要务。他本着适用变通的原则，以其事功实学对经书进行取舍：《尚书》记录历史，旨在要治国者"明于事物之故，发言立政，顺民之心，因时制宜"；《诗经》记录人情，旨在"使天下复性情之正，而得平施于日用之间"；《周礼》记录国家制度，载"先王之遗志"，集"百圣之大成"，备"人道之大全"，"人道备，则足以周天下之理，而通天下之变"；《礼记》记录日常生活礼仪，旨在主敬尽心，使人"动容周旋无往不中"；《春秋》记录天子之事，"其文则鲁史之旧，其详则天子诸侯之行事，其义则天子之所奉若天道者"；《易》记录事理原则，《春秋》是《易》理在人事上的推阐运用。陈亮注重礼仪法制的时宜变通，在经书中最推崇《易》《春秋》。可见，在他眼里，儒家经典都是历史记录，儒家精神就是直面生活的挑战而作出的全面回应，而不是冥想虚构的什么生活之外的某种道理。从《经书发题》的主导思想看，他旨在弘扬先秦儒家实学精神，与北宋庆历年间诸儒的思路大致相近。

陈亮也不排斥诸子之学，儒、道、墨兼治，而以儒家为主，兼容并包，博采众长，思想开放，不黜异端。他认为"老庄为黄帝之道，许行为神农之言，墨氏祖于禹，而申韩又祖于道德，其初岂自以为异端之学哉"，而"《论语》一书，无非下学之事"。又认为"善观《孟子》之书，当知其主于正人心；而求正人心之说者，当知其严义利之辨于毫厘之际"。他还推崇《荀子》："荀子之书出，而后儒者之事业始发挥于世。彼其之时不可以无此人也，亦不可以无此书。"他对扬雄的《太玄》褒扬有加，认为此书能阐"物理无穷之妙，天道人事之极"。他推崇王通"续经之作，孔氏之志也"，认为《中说》有"翼成（唐朝）三百年基业"之功。

王通（584~617），字仲淹，绛州龙门（今山西河津）人。仁寿三年（603）曾西游长安，奏《太平十二策》，不被隋文帝采纳，后被荐授官。不久归乡，钻研《六经》，模仿孔子作《续六经》。他在家乡聚徒讲学，从游甚众。在政治上，以恢复王道政治为目标，倡导"仁政"；在哲学上，致力于探究"天人之事"，围绕"天人关系"来阐述关于自然观、发展观、认识论和历史观等方面的思想，表现了朴素的唯物主义倾向和主变思想；在文学上，主张改革文风。论文主理，论诗主政教之用，言辞以约、达、典、则为标准。死后，被门徒私谥为"文中子"。

陈亮也很注意向"宋初三先生"（**孙复、石介、胡瑗**）以及苏洵、梅尧臣、欧阳修等学习。如欧阳修认为事久必生弊，贵能善变而施以救，虽三代圣王犹不免，故论政不主复古与守常，不非汉唐，称赞唐太宗之治，几乎三王。陈亮对此也非常赞同。他认为欧文"雍容典雅，纡余宽平，反覆以达其意，无复毫发之遗，而其味常深长于言意之外，使人读之，蔼然足以得祖宗致治之盛，其关世教，岂不大哉！"他欲借欧文以究明圣人之道，推详三代两汉致治之由，并使先王法度昌明于时，于是从欧阳修的著作中选出一百三十篇与时文相通的，编为《欧阳文忠公文粹》，授予弟子认真研读，作为作文范式。前辈师友郑景望的《书说》《杂著》，也颇能讲明帝王之所以纲理世变的道理，他也拿来作为时文范本，供学生模仿参悟。

教 育 思 想

陈亮在长期的教育实践和理论探索中，提出了一系列关于教和学的理论和观点，既包括教育目的、教育价值观、教育内容、教育理念、教育方法等，又包括受教育者的学习态度、修养方法、学习方法等。他的教育理论先进，教育方法科学，适应了社会发展的需要，在很多方面与理学教育迥异。

学为成人的教育目的

陈亮的义利统一、注重事功的伦理思想，落实在个体的道德实践和人生理想上，就是"学为成人"，即学会做一个堂堂正正、有情有义、敢作敢为、鲜活生动的"人"，反对成为正心诚意的"醇儒"。这是陈亮不同于朱熹等理学家的鲜明特质。传统儒学把道德修养和心性历练的目的归为"学为圣人"，陈亮却主张学者应过问国家大事，做一个德才兼备、智勇仁义之人。

陈亮的"成人之道"，包括修身之道和安人之道。前者是求仁、获仁之道，后者是获仁后的践行之道。安人以修己为根本，修己以安人为归宿。修身之道强调"心主于仁"，因为人心向善，心是个体追求道德之本原，也是人实施道德、判断善恶的主体。人心作为价值判断的依据，受现实世界影响，也有"不净洁"之时，"人心之危不可一息而不操也"。只有以行为及其所导致的实际效果为依据，获得的人的道德判断标准才是合理的。个体修养应在实践中锻炼，知行统一，使"仁智勇之达德具于一身而无遗"，人心向善达到最大价值。"心主于仁"建立在一定的基础之上，它与理学家惩忿窒欲、迁善改过之说根本不同，让人的生存之学避免走入虚妄。陈亮所期望的"成人"不仅是做一个能满足合理口腹之欲、不受道德教条束缚的自由个体，更是一个有着强烈的社会责任感和道德使命感，能将人的内在价值与外在价值，个体价值与社会价值，道德价值与事功价值统一起来的英雄豪杰。他所倡导的这种奋发有为、崇尚英豪的人生哲学，正是其事功主义精神的生动写照。

学以致用的教育价值观

陈亮深刻认识到教育对于巩固统治、维持国运兴衰的重要作用。他向孝宗提出"变通三策"，其中之一便是要重视教育和人才培养。他指出只有通过对现有教育、用人、科举制度的全面改革，使士人能"成其才而充其气"，使朝廷"任贤使能"，"尽收天下之人材，长短小大，各见诸用"，才能重振国势，完成中兴恢复大业。他说："自汉以来，其间治乱不常，往往以学校为国之先务，未尝有得一日之安而不从事焉。"历史实践证明，要图谋国家兴盛，必须要发展教育。陈亮提出教育的终极目标是教人"做人"，做一个能为社会所用的实用之人。其目标培养体系中的最高层次是培养"非常之人"，也即能开拓古今、建功立业的"雄伟豪杰之人"；最低层次是"学为成人"，具备"智""勇""艺"等基本条件，担当得起"世界轻重有无"之责。总之，陈亮心目中的人才"要以适用为主耳"，即为社会所用的实干型人才。这充分体现出其学以致用的教育价值观。

陈亮的教育思想受其哲学和政治思想制约。他在政治上重视开物成务，主张以实学育事功人才，使受教育者能学以致用，做出一番有利于国计民生的事业。他的教育理念是学以致用，因此注重培养学生的实际政治作为，要求他们全力以赴积实学，讲实用，重耳目之实，尚事物之验，考订典章制度，研究兴亡得失之迹，广兴民生日用之利，考究历代文献之传乃至文章政事，且要与时俱进，不断变化，灵活应用，毕生都要兢兢业业。他主张由学校担当培育养之有素的佐治之才的重任。他重视历史文献，既要求学生储备历代论治道的知识，又要求学生进行考订，以臻精确，并萃其精华以为今用。陈亮在《廷对·国子》中提出"以天下之学养天下之士"的主张，他不赞成不学而为官的"任子"制度，主张拓宽育人、选人渠道，逐渐令之多元化、多样化，反对人才的世袭化、垄断化。他举古代教国子之法，力证公卿大夫子弟也应入学，学习国家本末源流而后荫补为官。他非常赞同王安石的经学造士和太学三舍法。他主张做学问要有创见，斥子夏之儒死守先圣之说，不敢跨越一步。陈亮在《上孝宗皇帝第一书》中说："人才以用而见其能否，安坐而能者，不足恃也。"可见他主张要在使用中锻炼人才，选拔人才。他还强调有国者要想建立政治事功，关键在于任用俊秀之士共同治理国家，而有才能之士也应做好准备为国家服务。

广博通洽的教育内容

陈亮认为要从受教育者实际出发，设置相应的教学内容。他指出"三代立学于天下，皆所以明人伦也，礼、乐、射、御、书、数，所以广其心而久于其道也"。经世致用的人才培养目标决定了不仅要对学生进行道德伦理教化，更要使其掌握各方面的技能，适应社会的发展需求，故教学内容应广博通洽，儒家经典、历代史籍、诸家兵法、山川地理、量度权衡、官民商权、农圃园圃等有补于世的知识都应囊括在内。他还提倡学生广泛阅览诸子百家之书，吸取其长以有利于治事。陈亮的事功教育与理学教育的内容、意图相比，差异较大，具体表现在如下几个方面：其一，两者都以儒家经典为教材，但朱熹、陆九渊等学者侧重于阐发经学义理，修身养性。陈亮重在考察治乱兴衰，切于实事，鉴往知来，学以致用。他曾斥"绝学"为耳目不洪、见闻不惯。他心目中理想的学校是百家皆可谈，时政也许议的。其二，两者都以历史文献为教材，理学家认为史书中圣贤的嘉言懿行可作为修身养性、独善其身的楷模。陈亮认为读史可获取先人的治道经验，借古鉴今，古为今用。其三，陈亮主张文武兼资，博通百家，学习军事兵法，知晓山川形势、江河淮汴等方面的知识，强调民生日用，显示出多样性、实用性的鲜明特点。

经世致用的教育理念

陈亮的一生曲折坎坷，屡经磨难，但一直从事著书立说、授徒讲学等教育活动。他的教育思想始终围绕着中兴复仇、抗金爱国的主题展开，针砭时弊，其发题与立论与朱陆之学针锋相对。

首先，他继承和发展了先秦以来的朴素唯物论思想，认为道在事物之中，格物致知就是要在事物中考究出必然之理、当然之势，他认为掌握了客观规律，便能料事如神。故他的教育理论首先是建立在"道存于物""道在事中""道物统一"的唯物主义事功观基础之上的。与理学家们主张"道"或"天理"是超然独在的精神实体，先天地而生并派生万事万物，离开具体事物言"道"说"理"的思想观念完全不同。

其次，陈亮肯定事物的可知性，强调人可以"明理"而"有为"。知不是天生而有，更不是独自内出，离开事物，是无法得到真知的。故他教诲生徒治学，走的是向外求、在客观存在的事物上下功夫的道路。一切就事上理会，步步落实，对当前现实、历史上治乱兴衰、成败利钝之迹以及典章制度都要详加研究考订，务求能通古今之变，施之于实政。这种治学道路与理学家向内求、在心性上下功夫是大异其趣的。

再次，陈亮在实践中形成了一套注重实践、学以致用的教育教学方法。他强调实践，反对人生而有圣贤之分的观点，认为人的成才要靠积累，提出了"炼"与"用"的教学原则，"炼"是锻炼、历练，不能离开实际；"用"是应用知识，也不能离开实际。艺能的巩固，知识的验证，乃至道德品格的成长都必须在实际锻炼和运用中达成，这个原则还含有一个不断再认识和提高、从不足中创发新知的意义。他用这个原则教育学生，让他们多接触社会，多关注现实，并建议统治者不拘一格广罗人才，各尽其用，以佐兴昌明之政。理学家则坚持禀气天生有清浊厚薄之分，过分强调书本知识的重要性，认为人才不必经过实际锻炼，只须于骛高远中求之，缺乏与社会的联系，教育教学方法呆板、僵硬。陈亮曾在《与朱元晦秘书》中说："故浩然之气，百炼之血气也，使世人争骛高远以求之，东扶西倒而卒不著实而适用，则诸儒之所以引之者亦过矣。"他还在《又书》中讥刺朱熹不让人在波流奔迸、利欲万端中历练，而教人于万虑不作、全体洁白中识真心，不但不能"点铁成金"，反而是"以银为铁"。相比之下，陈亮的教育方法更科学、更符合实际情况。

最后，陈亮还充分重视发挥人的能动性，认为"天下大势之所趋，天地鬼神不能易，而易之者人也。自有天地，而人立乎其中矣。人道立而天下不以无法矣""圣人论《易》之法象而归之变通，论变通而归之人，未有偏而不举之处也"。这些就构成了陈亮独具事功特色的教育理论基础。

质疑与创新的教育方法

陈亮具有强烈的批判意识，敢于突破正统思想的藩篱。他从当时的社会实际出发，大胆抨击和否定服务于科举制度的传统教育及资格用人制和"荫补制"，分析了为科举而教育的种种弊端，批判人才培养和使用上的偏狭性、片面性。

主张人才培养和使用必须多样化，反对单一化，不满意以学校科举模式作为育人选人的唯一模式，还批判了当时风行一时的理学教育理论。他不仅质疑当时理学的唯心思想，还把神圣不可侵犯的儒家经典看作是为后人提供直面生活经验的参照文献，并将"敢于质疑，勇于创新"的学术风格运用到教学活动中，认为"尽信书，不如无书"。他鼓励学生抱怀疑的态度去读书，增强分析判断能力，但对没有任何理论根据、华而不实、以"非议前辈"为荣的做法是极力反对的。

陈亮注重因材施教，指出人的知识构成随年龄的变化而有差异，要注意教育对象不同年龄发展阶段的特点，从实际出发进行教育。"童子以记诵为能，少壮以学识为本，老成以德业为重"，主张儿童时期注重记诵能力的培养，少壮时期适宜于知识学问的增益，老成时期重在德业的修养。这个说法显得有些片面、机械化，但他能够看到人一生各个发展阶段的特殊性，提出根据不同对象作不同要求，这一点还是难能可贵的。他也讲究对个人涵养的培养，这就是喜、怒、哀、乐、爱、恶之情要"得其正"，即处理"得当"。平日既不可"纵欲"，也不可"灭欲"，须认真陶冶正当的喜怒爱憎之情，将自己锤炼为有益于世的"非常之人"。这实质上是含蓄地批判了理学家"存天理、灭人欲"的腐朽说教。

陈亮认为师生、师友各有所长，应相互切磋，教学相长。他在教学过程中极不赞同师长高高在上、与学生疏离的教学方法。他在治学过程中对学生很爱护和重视，经常与学生辩论、研讨问题。有一次，他与陈傅良谈学论道，陈的弟子蔡幼学在旁，默然无语，好像什么也没听到一样。等到客人散后，蔡幼学突然对陈亮说："'道'只有一种，什么是皇帝王霸？"于是，陈亮与蔡幼学探讨道与王霸之学。幼学横启纵阖，援古证今，抵夜接日，侃侃而论，经过一番唇枪舌剑、你来我往的较量后，陈亮败下阵来。这也充分反映出陈亮谦逊坦实的品格，平等、民主的治学风格。叶适为陈亮学侣，常自称鄙且钝，而陈亮却以为可教，称叶适俊明颖悟，更过六七年诚难为敌。陈亮与朱熹争论达数年之久，他在学术上所守的，朱熹不能夺，但他称朱熹为长者，作书时多恭问起居，也不全盘否定朱学，还说儒者亦一门户中之大者。

陈亮主张为学必须勤奋专一。他说："士之于学，农之于田，朝斯夕斯……不虔不力，误我丰年。工贵其久，业贵其专。"认为士子求学与农夫经营田地一样，只有朝夕勤奋，坚持不懈，精诚专一，才能获得丰收，学业大进。他还主张做人要谦虚而不自满，谓"君子之道不以其所已能者为足，而尝以其未能者为歉"，即千万不能因稍有成就便自满起来，应该以有所不知和不能而加强学习，不断进步。

陈亮作为浙东学派的代表，他的教育思想建立在对当时学校教育和理学教育批判的基础上，带有明显的事功特色。虽然他的教育主张与社会主流意识思潮逆向而行，但所提倡的学为成人的教育目标，学以致用的教育价值观，广博通洽的教育内容，经世致用的教育理念，质疑与创新的教育方法，不仅对我国封建社会后期的实学教育产生了积极的影响，对当前教育也有一定的借鉴意义。

第 7 章

军事著作及思想

陈亮一生通过潜心研究历史和审视现实，写了大量关心国家、谈论军事的政论文和史论文。他在弱冠之前即考古人用兵成败之迹，写成《酌古论》；乾道五年，会试落第后伏阙上奏《中兴五论》。淳熙五年，廷奏《上孝宗皇帝第一书》《上孝宗皇帝第二书》《上孝宗皇帝第三书》。淳熙十五年，又奏《戊申再上孝宗皇帝书》，复陈恢复大业，他的军事思想主要体现在这些论述中。他对运奇谋、出奇兵、决机于两阵之间的战术，固然不看轻，而对于审敌情、料敌势、观天下之利害、识进取之缓急的战略，则尤为重视。

主要的军事著作

《酌古论》

《酌古论》是陈亮青少年时期的作品，也是他对两汉、三国及唐、五代重要历史人物的兵机利害的军事总结。正文共四卷，包括序共二十一篇。每篇以一个历史人物为题，分别评论光武、曹公、孙权、刘备、孔明、吕蒙、邓艾、羊祜、苻坚、韩信、薛公、邓禹、马援、崔浩、李靖、封常清、马燧、李愬、桑维翰十九人。对于这些或参与或指挥过重大战役的历史人物，陈亮只是着重对其军事活动的分析和总结，探讨用兵成败的原因，并不作全面的评价。中兴和天下一统是《酌古论》的主导理念，而深谋远虑、克敌制胜是重中之重，攘夷尊宋又是现实考虑。可见，《酌古论》非一般的历史人物评论，而是将南宋的政治、军事局势作为思考基点来衡量评说历史人物。名义上是史论，实际上深寓现实，表现了他对用兵作战的主张，颇具战略眼光。这组史论，纵横捭阖，气势雄浑，援古证今，说理透辟，衡论史事，寄寓己志，熔北宋政事治平与经史博古之学于一炉。在每一篇中，他都如身临其境一般，借史事以关心抗金复国的大计。《酌古论》在写法上，多是先指出历史人物在军事、政治上的失误之处，然后设想在当时形势下应该怎么做。在血气方刚的陈亮眼里，历史上的诸多军事失利，如果按照他的筹算韬略，都是可以避免的。

《酌古论》既是陈亮研究古代战争与兵法的心得体会，又是对其个人军事才能的一次预设的操练，也是以实际效果为追求目的的事功思想的最初发露。由于所论皆为时代英雄，际遇兴会颇能引起情感共鸣，故在行文中，陈亮内心深处的英雄主义热情也随之迸发，字里行间洋溢着年少英迈之气、超拔卓越之智。他以朴素的唯物论和辩证法为指导，在书中总结历史上军事斗争的经验教训，继承并丰富了历代兵书的内容，在古代军事思想史上也有一定的价值。

《中兴论》等

《中兴论》包括《中兴论》《论开诚之道》《论执要之道》《论励臣之道》《论正体之道》五篇，前面有序，共一千八百余言。这五论，言中兴事业之大端，明经略四方之志。如果说《酌古论》重在论史、论古，那么《中兴五论》则重在言今，由史而求中兴之道。陈亮认为自靖康之祸后，要想彻底扭转君臣偏安一隅的局面，就必须恒思恢复。他劝孝宗不可拘泥于祖宗成法，以振兴宋室、统一中原为念，改革政治，兴利除弊，走富国强兵之路。他在恢复故土的军事战略方面，一针见血地指出钱塘不足凭，荆襄才是恢复中原的战略重心，列举历史事实、山川形势、军事部署及有利于抗金的政治措施。他建议迁都建业，设置武昌行宫，不时巡行，在战略要地构筑战略防御体系；实行兵农合一的屯田制，自募州兵、州赋自用，解决兵源和军费问题；对收复齐、秦和京、洛的战略、战术作了设想：先诱金敌集中兵力于京洛，分散其兵力，然后取齐、秦，复京、洛。

总之，陈亮在《中兴论》等上孝宗皇帝书中殚精竭虑地指出南宋未来的出路，描绘出抗金的蓝图，论述政治变革的措施，制定抗金中兴的策略，并提出了收复中原的一系列具体的行军布阵方案。既有军事上的策略，又有利于抗金的政治上的要求，而且是建立在多年研究历代史策和深思熟虑考察社会现状的基础之上得出来的。

军事思想与策略

战略战术应结合

陈亮《酌古论》以光武为首，论曰："自古中兴之盛，无出于光武矣。"认为光武帝刘秀以寡击众，举弱覆强，运筹帷幄十余年，得复汉高祖之大业。"此虽天命，抑亦人谋乎！"认为光武中兴既是天命所在，又是刘秀多年筹备谋划的结果。陈亮在开篇即提出谋略之重要性，其军事思想也以重视谋略为核心。

谋略的基本内涵有二：其一是指战争的决策者与指挥者对战争全局及其进程的整体把握，以及据敌我双方势力的消长与天下事势的现实变动而作出战争全局的战略部署。就整体战争来讲，谋略就是战争的总体策略和具有全局指导思想的战略部署，也是整体作战的指导思想，影响战争最后的胜负。陈亮认为能成天下之大功者，必定有统一天下的深谋远虑；能制定一统天下的谋略的人，一定有平定宇内的远大志向。而取得战争胜利的信念，既是决策者本人的心志，又是决策的动机、指导思想。当战略的制定体现出天下统一之大志时，战略的具体实施便将体现为这种动机的实现。战略的总体决策首先必须体现决策者对战争之必胜信念。整体战争的最高决策者要有一统天下的壮志和豪情，然后再依据审敌情，料敌势，观天下之利害，识进取之缓急，切实把握战争发展的总进程及其总态势，最终取得战争的胜利。战略的制定须本着客观慎重的态度，审时度势，对敌我双方的实际情形及发展态势作出准确的估计，"识进取之缓急，彼可以先，此可以后，次第收之"。陈亮总结说：善于谋取天下的人，没有打不败的敌手。

反之，如果没有一个统一的整体战略方针，没有基于全局战争的长远谋略，即使有英勇作战的本领和才能，即使战术运用得当，甚至在局部战争中取得很大胜利，也不能保证战争取得最终的胜利，有时候反而会丧失已有的战斗成果。他从曹操在东汉末年进行统一战争的角度，详细分析其征讨荆州前后的形势，指出其失败的主要原因是不识进取之缓急：不仅要掌握使用奇谋、出动奇兵、当机立断的战略战术，还要详知敌情，估量敌势，判别利害，确定军事部署的缓急，确定哪里先打、哪里暂缓，方能依次得手。陈亮说曹操"巧于战斗，而不能尽知天下之大计"，因而尽管曹操是智勇双全的一代枭雄，也不能实现统一天下的梦想。这种"大计"也就是全盘的战略思想。陈亮认为光武帝刘秀之所以能平定混乱，完成中兴大业，关键在有"一定之略，而后有一定之功"。刘秀在王莽窃汉之际，"举大义之师，发迹昆阳，遂破寻邑"，在诛杀暴虐之时，或先或后，凭借的是在审时度势情况下以全局为重、统一天下的谋略，最终百战而得天下。陈亮还认为，"略者不可仓促制，而功者不可侥幸成也"。战略决策事关大局，不能仓促制定，因为仓促制定的谋略缺乏长久之考虑，而以侥幸获得的成功，也不会继续。故决策者在制定战略原则时要建立在对客观情况的仔细分析和正确判断的基础上，熟悉敌我双方的情况，对形势发展有预见性。陈亮反对"径行无谋"，以及"侥幸以求胜"的莽撞行为，认为另一位中兴之主唐肃宗未能预知藩镇之患，就是战略上的失误。因此，中兴之功能否实现，关键在于有关政治、军事全局的谋略制定得如何。

其二是指对于具体战事的筹划与部署，是特定情形下的谋攻据守之策，体现为作战技术的具体运用，也即"运奇谋，出奇兵，决机于两阵之间，世之所谓术也"。只是具体的战役，如果缺乏全局长远的考虑，"此其为术，犹其所穷"。所以，陈亮主张具体战役中所使用的战术不能脱离整个战略计划，要对客观形势作全面的认识，将具体的战役和全面的战略思想结合起来。仅有战略思想而忽视具体战役，或者仅注意具体战役而无全局的战略思想，都是片面的，必遭失败。他认为汉高祖刘邦有全局战略眼光，能于运筹帷幄之中统合战略战术之机变而建立了汉朝，而项羽在楚汉战争中，只有匹夫之勇，优柔寡断，无良谋远图，进退无据，不免败亡之祸，故虽能称雄于一时，毕竟不能统一天下。

陈亮在评论刘备时说："英雄之主所为置私忿而未尝求复者，非以私忿之不当复，而义有大于私忿者也。当理而后进，审势而后动，有所不为，为无不成，是以英雄之主常无敌于天下。"批评刘备无深谋远虑，认为他为报私仇逞一时

166

之快而大举伐吴是不明智之举。陈亮发挥《孙子兵法》中的"知彼知己，百战不殆"的观点，要求指挥作战的将领在战术上"善量彼己之势"，认为轻敌是军事大忌。不对敌我双方形势作出正确分析，仅凭主观臆想，必然会导致失败，唯有在"善量彼己之势"之后，才能"审势而后动""攻敌之所不守"，从而取得胜利。"攻守之道""用兵之道"要从实际出发，灵活处置。而刘备正是犯了兵家之大忌：既已出兵，孙权遣使求和而不答应，这是激怒敌方；平地立营而无奇变，这是大意轻敌。结果是损兵折将，仇未报而身先死。

陈亮在对古代许多重大战事的分析中，能够周谋曲虑，详为之设，计胜为败，谋败为胜，犹如身临其境，表现出了他对占据、利用有利地形的重视。他说："夫奇变之道，虽本乎人谋，而常因乎地形。"地形之重要，先贤也屡有强调，如《孟子·公孙丑下》云："天时不如地利，地利不如人和。"又《孙膑兵法·月战》说："天时、地利、人和，三者不得，虽胜有殃。"地形的利用在战争中具有十分重要的意义，同时也是战略决策以及具体作战方案制定时必须考虑的重要因素。是否占据有利的地理位置，往往对战争的胜负起着关键作用。针对南宋抗金复国之大计，陈亮认为这非一日可得，而是一场持久大战，故云："今丑虏之植根既久，不可以一举而遂灭；国家之大势未张，不可以一朝而大举。"

这就需要详细谋划，制定长远战略战术。在备战时首先要占据有利的地理位置，得地利之先机。他建议朝廷迁都建康（今南京），利用此地险要的地势，可攻可守，在战略上争取主动权。而荆襄地理位置重要，自古以来乃兵家必争之地。它东通吴会，西连巴蜀，南及湖湘，北控关洛，进退自如，以此地为根据地向北可图中原恢复之业。因此，一定要在战略上加以重视。宜派德高望重之能臣镇守，协调军民，实行屯田制度，解决粮草之需。在对金战略上，应采用寓攻于防，攻防兼备的积极防御策略。

制定谋略不仅需要制定者有坚强的心志及聪明睿智的头脑，而且还需要他在接受各种客观条件之制约与规定的前提下，通过其主体能动性的充分发挥而达到主客观的契合与统一。谋略的制定必然受到客观环境的制约，但一种恰当的战略决策的制定又表明这种制约可以为主体能动性所化解与超越。在陈亮看来，险要之地并非不可蹈履，也并非不可攻克，关键在于是否有制胜之术。"胜败在人而不在险"，人的主体能动性在战争中起决定性的作用。陈亮对战略决策的重视，表明他对把握战争全局发展的重要性有相当充分的认识，认为战略决策的恰当与否直接与战争的最后胜负相联系。故他在中兴宋室、抗金收复方面以全局眼光进行考虑，从内政到军事都进行了周密筹划：先要使政固本强，变南宋的消极防御为积极的、主动的、全面的进攻，取得敌我决战的主动权，然后逐步恢复中原。军事上在迁都建康、重镇荆襄的基础上，在唐、邓、上、蔡设置兵力以示宋军之意在京洛而迷惑牵制敌军。这样金人必将在京、洛、陈、许、汝、郑地区增强守备，把兵力转移到这一带。敌人东西两面的兵力一分散，那么齐秦两地就有机可乘了。西线，以四川之军，待凤翔之虏，另命骁将出岐山截击陇右之敌，派偏将从子午道监视长安之敌，而驻扎在金、房、开、达等州的部队进兵武关以镇三辅地区，收复秦地。东线，命令山东归顺者联络各地义军，在后方牵制敌人，而舟师则由海上打击敌人的后方，乘敌人手忙脚乱、疲于奔命的时候，我军主力再兵分两路，狠击敌人的正面，收复齐地。假设东西两线不加进击，敌虏也不敢擅离京津而轻犯江南。如果敌虏敢于集中兵力进犯唐、邓，则淮西的官军即可在东线迎敌，而集结在金、房、开、达的官军也可开辟西线战场。陈亮提出的声东击西之计，是从中路吸引迷惑敌人，以东西两路乘虚而入的军事谋略，灵活机动，设想周全，是他深思熟虑的结果。

攻守之道有奇变

用兵之实，无非攻守。攻期必克，守期必固，则有攻守之法寓于其中。"善攻者，攻敌之所不守，动于九天之上，

169

人莫得而御也。善守者，守敌之所不攻，藏于九地之下，人莫得而窥也。"这强调了作战中战术使用的灵活性。攻守之道，有常有变，拘于常道，未必能胜；若尽弃常道，同样未必能胜。故进攻之中当存退守之余地，据守之中须含进攻之机锋，攻守迭相为用，可保无虞。就进攻而言，在敌方强大的情况下，避其精锐之师，不从正面强攻，而寻其薄弱之处迂回侧击，攻其不戒，击其不备，往往能够成功。若敌人据形势之险要，又加重兵据守，则须避其锐气，不作正面进攻，而多张疑兵以分散敌人的注意力，陷敌将于错误判断中，然后伺其虚空而击之。如果己方兵力强大而作正面进攻，则应以迅雷不及掩耳之势一举攻克敌方要害，削其军威，挫其锐气，使其望风靡倒。正面进攻往往需要投入较大兵力，有时甚至是破釜沉舟之决战，故须慎重，不得已而后为之。要速战速决，不能拖延时间，否则长时间攻坚不克，会使士气低落，一旦敌人强援到来，则腹背受敌，焉能不败？期望一举攻克敌人，可运用谋略分散敌人兵力，各个击破。

就据守方面来论，固守之策在于"守敌之所不攻"，其中包含着兵力布置之虚实等问题。守敌之不攻，实际上为诱兵之计，对料定不攻之地，充实兵力，伺机进攻；对敌人必攻之地，反而虚其兵力，实为诱兵。这样诱敌深入，再趁其

170

不备，因险以要之，乘怠而破之。这种据守之策，既可保存实力，避免正面交锋，又可诱敌深入，伺机进攻，可以达到以少胜多，以弱胜强之效果。若己弱而据守，当深藏不露，设法使敌人暴露，寻其弱点而击之，不宜主动出击迎战敌人。这样敌兵屡攻不下，锐气必挫，军威必衰，我军可趁机乘弊而出击；若敌将陷于愤怒而大举进攻，我方则退守不战，敌懈则击之，敌退则追之，敌食则掩之，夜则袭之。一切应变之术，均可随机灵活运用，是为静中有动，动中有静。劳其力，弱其气，疲敝其势，最终克敌制胜。

战略的成功只是为战争打好了基础。到了临阵决战的时候，还要能够出奇兵，用机术，才可以稳操胜算。因此在抗金军事部署上，也要处处落到实处。针对南宋积弱的实际，陈亮提出抗金要采取"渐摇撼之"，逐步酿成大势的方针，考虑比较周到。他认为，在军事上要抓住要害，乘虚进击，困住敌人，出奇制胜。进攻与防守必须遵循灵活机动的原则，而且要依据地理形势因地制宜地制定守御谋攻的战略。他主张先向东攻占齐地，向西夺取秦地，这样，黄河以南、淮河以北的土地，就成了囊中之物。主张朝廷派一位德高望重、多谋善断的重臣，去镇守安抚荆、襄重地，精心经营设防，和睦军民，开诚布公，慎选官吏，简化刑法，减轻税赋，发动群众，大建屯田，厉兵秣马，枕戈待旦，以俟敌兵，形成江淮的第一道屏障。这样就进可以攻，退可以守。

陈亮论攻守，强调攻守兼备，虚实并用，根据敌对双方的实际情形，施以灵活机动的战略战术，诱敌深入，各个击破，牵制敌人兵力，掌握作战的主动权，从而达到战胜敌人的目的。他重视在运动中消灭敌人，还用军事辩证法的观点来论述阵地战和运动战的相互关系，即古代军事术语所说的"正"兵和"奇"兵的关系。正兵，犹言主力，其编制庞大，组织严密，可组成声势浩大而富有战斗力的战阵，是相互勾连相互统一的有机整体。奇兵，犹轻兵，以精练简捷、行动迅速、能施突袭为主要特点。前者适合攻坚战与较大规模的阵地战，后者适合较小规模，尤其是突击式的对敌作战。正兵和奇兵各有短长，各有发挥自己威力的特殊阵地，故不可以互相替代，亦不可重此轻彼，须相资为用。"奇兵以简捷寓节制，非废节度也；正兵以节制存简捷，非弃简捷也。"陈亮认为正规的阵地战也包含一定的灵活机动性，灵活的运动战中也不应废除正规的制约。他认为阵地战的"正兵"特点是"其法繁，其行密，隅落钩连，曲折相对，进无速奔，退无遽走"，有雄厚的兵力、严密的布阵、统一的行动，以此"挫坚敌也"。而运动战的"奇兵"特点是"其法略，其行疏，号令简一，表里洞贯，进如飙风，退如疾雷"，精简轻便、行动神速，专以对付兵力较弱的"脆敌"。"正"

兵和"奇"兵的结合运用，是建立在善于观察敌我双方形势的基础上的，即"善审敌者，然后识正奇之用"，否则也难成功。

兵战有宜有不宜

陈亮重视战略决策与战术运用上的审时度势、机动灵活，实则是要求战争的最高决策者对天下事变之大势、天命人心之所归以及战争的态势作出恰当的判断。他提出兵战有宜有不宜的问题，从另一方面强调了审时度势以及这种恰当判断在战争中的重要性。"善用兵者不内人于死地"，就有宜与不宜的问题蕴含其中，"内人于死地"是不宜，"穷寇勿迫"则为合宜。"善用兵者，识用不用之宜，而后能以全争于天下矣。"就具体战斗而言，陈亮要求指挥者对战场上的形势作出恰当判断，把握作战的有利时机，适可而止，这样才能巩固已有的胜利；若骄躁急进，超出作战之合宜的程度，则有可能反陷自己于败境。

陈亮在此基础上又进一步论述政治和军事的关系，认为战争的正义与否是决定战争胜负的重要因素之一，"古之所谓英雄者，非以其耀智勇，据形势，如斯而已也。此二者，特英雄之末事。而仗大义以从天人之望者，乃英雄之所由起也"。真正的英雄虽然须具备"耀智勇，据形势"的个人才

173

能，但这种才能必须用于"仗大义以从天人之望"。为正义而战，顺乎天下民心，则得道多助，莫能御之。反之，若天命人心已有所归，犹恃智勇而战，是为大不宜。就如李渊父子起兵太原，乃天命所归，人心所向，故"太原义旗一指，而天下靡然知所向矣！"又如春秋时楚国的君主，领导人民为正义而战，上下一心使晋兵撤退。越王勾践卧薪尝胆，励志复国，全国上下众志成城，报仇雪恨而复国称霸。可见取得战争之胜利的根本保证，不是城池坚固，兵精马强，而是得天下之大义，合时代之大势，顺天下之民心。

陈亮还认为军事上的"英雄之士"比一般的"智者"更胜一筹。他说："英雄之士，能为智者所不能为……且谲诈无方，术略横出，智者之能也。去诡诈而示之以大义，置术略而临之以正兵，此英雄之事，而智者之所不能为矣。"这不是要否定军事上的谲诈、术略，而是要更重视正义战争的政治原则。他以儒家的价值观在鲜明对比中评价诸葛亮与司马懿之优劣，前者是典型的忠臣良相，而后者则是法家式的阴谋家；前者堪称忠、公、仁、信，后者则集奸、私、残、诈于一身。诸葛亮在民心思汉的大势下，六出祁山，为光复汉室而战，司马懿虽老奸巨猾，诡计多端，终不能撼动蜀汉之军，仅能守边而已。

宜与不宜，是一个问题的两面。不宜于战而战，是为不

174

义；宜于战而不战，同样为不义。陈亮全部的政治活动都以鼓动孝宗励精图治、对金人宣战而恢复中原为核心。在他看来，对金用兵是合乎正义原则的，是天命之所向，人心之所归。反之，坐视江山沦丧、生灵涂炭而苟活于东南一隅，不顾中原百姓苦难深重，不顾社稷人民遭受欺凌，弃掷北宋历代帝王的葬地，放弃丧失的半壁河山，唯和议是求而不敢用兵，就是弃置天命人心于不顾，就是极大的不义。故陈亮建议孝宗振作精神，不登正殿，节制享乐，终日谨慎，居安思危，以励群臣之心，以示复仇之志；敬服天时、爱护百姓，求贤访能、整顿政事，富国强兵，报仇雪耻。

陈亮还从"中国夷狄"的角度评论民族战争问题，"以中国定中国，以夷狄攻夷狄，古之道也。借夷狄以平中国，此天下之末策，生民之大患"。他认为民族内部事务应由内部自行解决，而"以中国定中国，以夷狄攻夷狄"是合宜得体的措置之道。尽管中国内部战争也存在是否正义的问题，但"借夷狄以平中国"，是无论如何都不合适的，它不仅为战略上的重大失误，而且为本质上的不义，会给天下后世带来无穷祸患。而"借夷狄以平中国"之举肇始于唐高祖李渊，成于郭子仪，而极于桑维翰。李渊起兵之初，曾向突厥称臣，请求声援以壮其声势；郭子仪为平定安史之乱而请兵于回纥；桑维翰为石敬瑭掌书记，为灭后唐而至契丹求兵，

175

自旦至暮，声泪俱下。这三人都站在正义一方，却卑辞屈膝以请求外援，借夷狄平中国，不仅是策略上的失宜，更是道义上的亏损，虽或得一时之利，却贻害无穷，启中原乱于夷狄之祸端。

　　总之，陈亮的军事理论有的是继承前人的经验而加以发挥，也有不少是个人创见，这与他积极主张抗击金人南犯，力图恢复中原、谋求南北统一的志向密切相关。

第8章

文学观念及成就

陈亮以天下为己任，雅负经济之怀，倾心于博古通今的经世研究，热心干预现实政治，发为议论文辞，则激情洋溢、豪气逼人。他一生涉猎广博，写下了不少充满爱国主义热忱的文章和诗词，涉及政治、军事、经济、哲学和文学诸方面，并结合自身创作体验，在文学理论及文词创作方面提出了一系列独创性的见解。他的著述据《宋史·艺文志》卷二百三、二百八所载，有《通鉴纲目》二十三卷、《陈亮集》四十卷、外集词四卷。流传至今，已有散佚。今以中华书局增订本三十卷最为翔实全面。他的集中有慷慨奋发、气势恢宏的奏书；有议论生动、富含哲理的政论文；也有豪气纵横、硬语盘空的豪迈词作。卷卷篇篇，如其为人，正气凛然，独树一帜。这使他不仅在哲学思想史上，而且在文学史上都卓然成家，名彪千古。

文以载道、明道致用的文学观

陈亮在文学思想上继承儒家传统的"文以载道"观，将道的实际内涵由儒家所倡导的道德性命扩展至时代背景及个体思想感情等诸多方面。他认为文章应该有益于世教，提倡写有实用价值的文章，强调学文与为道应相辅相成、相得益彰，道应成为文所蕴含的内容，事功与辞章应并重，反对理学家耻言文章、行义的行为。陈亮平生以豪杰自居，以事功自任，耻与文士为伍，论文斥去浮华、不尚修饰，以明道致用为本。他认为道平施于日用之间，要达之政理，并经事功标准的检验方可。"为文"就是要为南宋的社会与政治现实服务；"政理"就是南宋的恢复和中兴大计；"日用之间"就是要唤醒皇帝对国仇与时弊的正确认识并付诸行动，建立事功。这种思想理念充斥于陈亮作品的字里行间，造就其论政论事之文针砭时弊、疾呼恢复中兴的鲜明时代特色。

陈亮在强调文以载道的同时，又充分关注到文学的自身特质，充分肯定作品本身的独立地位，强调必须以意理去充实作品的内涵。还指出作品中应该有个人的思想感情，只有把个体独特的感情融于文章当中，才能使文章内容深化、新意迭出。因此，他极重视文章的立意，要求立意超拔，格调高雅，在融会前人作品的基础上翻出新意，进而形成个人独特的风格。陈亮论文以内容的表现为文章之根本要旨，认为作品之意理，既包括道德仁义，又涵盖作者的独特立意与篇章结构之文理，应融入更多时代内容、现实生活以及作家本人的思想感情。作者对道理体味的深浅和人格的高卑会影响作品的立意，所以，学文不仅要有裨于世道，而且要在意理上胜出。作者精心构思文章的篇章结构，遣词造句尽达己意，才能做到文理细密，文字超群，论说透辟。可见，陈亮论文既重视作品的思想性，又不偏废其艺术性。他在行文中能将宏富典丽寓于质朴平淡之中，于纯粹和易之内见其巧妙出奇。言辞质朴而立意高远，意理精深而行文简雅，其韵味更加隽永。

陈亮也很重视作品的内容，要求作品体现道与文的统一、内容与形式的统一。他反对"好作奇语"、过于追求形式的"诡异""险怪"之风，认为意与理胜出，则文章自然出众。但他也并不完全排斥作品的形式，认为只有能在朴素、平易中见"奇""巧"，才是"大手之文"。而"大手之文"，"不为诡异之体而自然宏富，不为险怪之辞而自然典丽，奇寓于纯粹之中，巧藏于和易之内"。所谓"意与理"，也就是他对历史兴废和现实斗争的认识和主张，和当时的理学家空谈性命的学说根本不同。陈亮还积极主张"古人之于文也，犹其为仕也。仕将以兴其道也，文将以载其道也"，即创作应以载其道为目的，表现政治主张，不能作无补于实事、无益于世道的浮泛文章。陈亮的上书、策论、史论及书信等，思想宏富而文字平易，命意奇伟而文笔纵横，一切皆出于说理达意的需要。

陈亮重视究天人之际、通古今之变，主张改革时弊，实现恢复，在对古今史事的推究中注意到文风与时代的密切关系。他认为文学关乎世教，文风系于世风。文与道相辅相成，道应成为文所蕴含的内容，故为文有益于世教，学文有裨于为道。一代文风与特定的社会政治文化相联系，个人的文风则与其政治思想和学术主张相关联。当时的南宋文坛，文风浮躁，一方面是因为理学的误导，另一方面是科举制度"纳天下之学者于规矩之内"的任法之弊导致人心之日惰而风俗之日薄。故陈亮认为朝廷要及时制止浮议之风，彻底改革任法之弊，才能使人心有所依归，文风归于质实，道德归于敦厚，风俗同于淳朴。文风关乎一代政治的盛衰，那么当下浅薄浮华的科举之文就令人厌恶，只有提倡峭拔刚健之文才能振作士气和世风。基于此，他尤其推崇欧阳修之文，期望借欧文的典范作用使学生明白文学为明道之器，羽翼"六经"以播扬道德，"根乎仁义而达之政理"，倾注了他对现实的深切关注。在陈亮看来，作文舍弃媚弱而走向刚健，则正气鼓荡激扬于天下，先王法度之盛便有重现的希望。他有感于士气的沉落与风俗之浇薄而大声疾呼改革场屋之弊，振作文坛风气，改进人才日下的局面，不仅表明他对文学特殊教化作用有明确而深刻的认识，而且表明其文学思想与哲学、政治思想是统一的。

总而言之，陈亮在文学观念上继承了唐宋以来有成就的古文家所倡导的基本精神，反对专事文字雕琢美艳的追求，而要求言之有意，载之有道，使道义的精深、立意的超远与造语的平淡、文风的简朴相融会。

刚健有力、雄放恣肆的政论文

陈亮一生主要的政治主张就是中兴与恢复。政论文就是他得心应手的论战利器，也是抗金呐喊的战斗檄文。他的政论文写得卓尔不群，才气横溢，文笔犀利，颇有见地，得到了后人的充分肯定。他终身只是以布衣纵论天下事，以"意与理"为基础，往往直抒胸臆，阐发对历史和政局的见解主张，体不诡异，辞不险怪，激情昂扬，宏富典丽，表现出了"堂堂之阵，正正之旗"的文风。他的史论文则以史为鉴，古为今用，寄寓恢复之志、中兴之愿。他还写下著名的《壬寅答朱元晦秘书》《又壬寅夏书》《又甲辰秋书》《又乙巳秋书》《又丙午秋书》等一系列声讨理学的檄文，以虎虎生气、锋芒毕露的高论宏议，在理学弥漫的学术界独树一帜，振聋发聩，为天地日月雪冤，为浙东事功之学呐喊。

陈亮的政论散文从内容上来分，大概可分成三类：一类为给皇帝的奏章奏议，如《上孝宗皇帝第一书》《上孝宗皇帝第二书》《上孝宗皇帝第三书》《戊申再上孝宗皇帝书》等；其次是政论文，如《中兴五论》《四弊》《铨选资格》等；另外就是策文和其他一些史论文，如《酌古论》《三国纪年》《国子》等。这些文章都饱含了他对宋帝中兴恢复的深深期望，对大宋江山的深厚感情，对收复失地的坚定决心，对时政弊端的尖锐批评。他的政论文语言刚健有力，气势磅礴磊落，其雄放恣肆的风格，颇有战国纵横家的气魄和声势。在中国的传统观念中，文者为儒，武者为侠。早在春秋战国时期，中国的士大夫阶层已将文学、政治、军事完美地融合在一起，他们往往既是文学家，能够写下战斗的檄文和不朽的文章；同时又是政治家、军事家，周游列国，到处游说，纵论天下大事、军国利害，无不切中要害，撼动人心，能以此改变天下的政治军事格局。后来，文学和军事分家，文学家可以是政治家，但很少能是军事理论家或实干家。但宋代因国家内忧外患和军事孱弱，却出现了儒者论武，武者作文，儒侠相衬，文武合一的情况。陈亮处于宴安苟合的南宋，把儒和侠的气质融于一身，在政论文中表现刚烈激昂的情感和意气风发的浩然之气。

陈亮有感于现实政治，极为强烈地关注国家局势之变化，捕捉机遇，以求时用，爱国热情灌注于文章中，热烈、激昂、丰富、感人。他的作品中充溢着对国家的一片赤诚之心，如《上孝宗皇帝第一书》云："南师之不出，于今几年矣。河洛腥膻，而天地之正气抑郁而不得泄，岂以堂堂中国，而五十年之间无一豪杰之能自奋哉！"充分表现出他对不能收复中原的痛切心情。又《戊申再上孝宗皇帝书》云："高宗皇帝于虏有父兄之仇，生不能以报之，则死必有望于子孙，何忍以升遐之哀告之仇哉！遗留报谢，三使继遣，金帛宝货，千两连发。而虏人仅以一使，如临小邦。闻诸道路，哀祭之辞，寂寥简慢。义士仁人，痛切心骨，岂以陛下之圣明智勇而能忍之乎？"陈亮将国恨家仇，一一叙述，表现了他痛切心骨的愤懑。同时，他以婉转的语气反问孝宗："岂以陛下之圣明智勇而能忍之乎？"其中配颜事仇的悲剧色彩使人不寒而栗。从中我们能深刻地体会到，他对高宗、孝宗因循苟安、不思恢复的强烈谴责，对夷狄侵华甚嚣尘上的世局的悲愤感慨。

陈亮流传下来的铿锵有声、豪气干云、激情洋溢、闪烁古今的政论文，读来使人热血沸腾、振奋激昂。在他作品中酣畅淋漓、兴会情聚的"气魄"呈现，与华丽唯美、雕琢堆砌、无病呻吟、风花雪月取媚于世俗的文章，截然不同，是中华民族精神宝库里的一笔巨额财富。

慷慨豪迈、铿锵激昂的政论词

陈亮在词的创作上也有很高的造诣。当时词坛上多充斥着吟风弄月、别恨愁肠、娱宾遣兴之作，而他则努力开拓，创作了一大批两宋词坛上独一无二的政论词。从他现存的七十四首词作来看，虽然不无婉约纤丽之作，但抒发报国之志、经纶之意的作品占有相当大的分量，拓展了词的传统疆界，显示了他以经世为己任的积极入世情怀，在词坛上与志同道合的文友辛弃疾同声相应。

陈亮作为南宋豪放派的代表之一，以议论入词，陈述"平生经济之怀"，抒发政治抱负和爱国激情，这是英雄与时势遭际的非常之人的非常态的创作现象。他继东坡"以诗为词"、稼轩"以文为词"之后，又发明了"以政论为词"。他一生以功名自许，以恢复为业，将经世之怀谱入辞章，将一腔爱国热血托之歌咏，风格豪放激昂。在他的眼里，词之语句参差错落、抑扬顿挫，最能动摇人心。在他的笔下，词不是"诗余"，而是"文余""论余"。他以词体的形式，自抒胸臆，以"花间妙语"陈"经济之怀"，重申了在政论文中所一再坚持的政治立场和思想观念，内容则以恢复中原为核心。这也是他任情使气之率真性格在词作中的自然流露。同时，他词作的意旨和内容也决定了其慷慨豪迈的风格。他的豪放词表达经世怀略，雄辩自然，独具特色，表现了一种他理想中的英雄豪杰之人格特征，从而洋溢出一股既大义凛然又具有非凡之胆魄与豪气的英雄气质。他的词作与辛弃疾同调，气概豪迈，重意与理，常发为议论，有散文化倾向，文采则嫌不足。清刘熙载在《艺概》卷四中说："同甫与稼轩为友，其人才相若，词亦相似。"两人的唱和之作，不仅艺术性强，而且思想内容极其丰富深刻，形象地表现了两位忧国忧民词人的远大抱负、高尚情怀和纯洁友谊，生动地记载着两人友好交往的动人故事。

陈亮在词的创作实践中，远离苏轼、辛弃疾等以诗为词、以赋为词的做法，更不受传统词论的束缚，以词来言志抒情的意识更加强烈。这种做法难免会忽略文学情感性的特质和形式美感，产生辛派词人的一些流弊，但这也正是陈亮词作的独特之处。他的词作忠实践行了他的文学观念。词在他的笔下，一反抒发离愁别绪、描摹绮罗香泽之态，而成为表达豪情壮志的载体。他将激切的政论与慷慨豪迈的诗情熔为一炉，具有夺人心魄的艺术感染力。他以论为词，指点江山，激扬文字，挥斥方遒，为抗金恢复而呐喊助威。这样，词在无形中被创作主体赋予了寄意明君、陈说抱负的政论色彩，表现出一种大气磅礴、雄放恣肆、慷慨激昂的气势。他的许多词作真实反映了当时的民族矛盾和阶级矛盾，充满了政治和时代色彩，成了他陈述"平生经济之怀"的传声筒。叶适说陈亮作词，"每一章就，辄自叹曰：'平生经济之怀，略已陈矣！'"他的爱国词所表现出的积极的乐观主义精神与昂扬的号召力是非常突出的。如"正好长驱，不须反顾，寻取中流誓"，语气简洁有力，表现了一种迫不及待、一往直前、长驱中原的豪情壮志。

陈亮的词作思想内容丰富，风格多种多样，除爱国豪壮词外，亦有艳丽、闲适、应酬、投赠和祝寿之作。表现其强烈的正义感，抒写抗金壮志的雄奇之作，往往峭拔刚健、气象恢宏、风骨凛然。抒发其个人情感的典雅婉约之作，往往显得柔和雅致、轻柔回旋、意象优美，寄寓着怀才不遇与孤心不改的卓荦情怀。其中如《水龙吟》中"闹花深处层楼，画帘半卷东风软"、《虞美人》中"东风荡 轻云缕，时送潇潇雨"等句，意境颇为清幽闲淡、疏宕有致。他的应酬、祝寿之词则大都切合环境和时令，不作妖媚之语。《浪

186

淘沙·梅》中"墙外红尘飞不到,彻骨清寒"之句,以梅花的清高孤傲自比,直抒胸怀,直写性情,挥洒自如,率真和谐。总之,真情实感是充溢在这些不同风格作品中的共同特点。

陈亮作词,无论在内容还是风格上都有其独特之处,不愧为南宋词坛名家。洋溢于他作品中的那种慷慨悲壮之美,那种"倚天而号,提剑而舞"的英雄豪气,那种挥之不去、愈老弥笃的爱国情结,无疑具有真切感人的永久魅力,令人百读不厌。尤其是他的政论词,风格豪放,感情激越,议论纵横,淋漓痛快,这种气势恢宏、开拓万古心胸的时代强音,充分显示出他词人兼政论家的个性和风采,在我国文学长河中留下了一批熠熠发光的政论词,是中华民族爱国主义文学宝库中的瑰宝。

第 9 章

陈亮思想与浙东学术

陈亮的事功学说是在充分继承、吸收、利用前人思想学术成果的基础上形成、发展起来的。他以经世致用为旨归，注重学术研究的实际社会功效，在南宋学术界独树一帜。他的事功学说不仅对南宋的浙东学术影响很大，而且对清代经世致用之学的形成也功不可没。

陈亮思想渊源

陈亮一生所学广博，在思想、政治、经济、法律、历史、文学等方面均有较深的造诣，为永康学派的创始人。独特的才情和英雄主义的性格，造就了他对学术的独特理解与吸收创新，使得他的师承授受并不明显。他生在一个推尊孟子而贬斥荀子的时代，受到时代学术思潮的影响而力学孟子，但其学说思想却与荀子暗合。儒家讲伦理，由于对心性的内涵有不同的见解，所以发展成两种不同的道德体系，孟派偏重内在动机，而荀派侧重外在功用。荀派的精义不在玄理而在实效，理论都建构在现实上，虽然不如孟派的理论高深幽微、富含哲理，但有实用的优点。

中国学术自东汉以来，经历魏晋玄学、隋唐佛学、两宋理学、明代心学，走的都是倾向唯心的路线，荀派大受排斥。宋人的心性之学，皆归宗于孟子，是儒家的一种理想主义。宋代理学最重师承，南宋学术各派几乎都与北宋二程有师承渊源可寻。清人全祖望便因认为陈亮之学无所承接而轻视之。若从师承关系上看，这一观点是毫无疑问的。然而从历史文化传统的渊源来看，却未必恰当。陈亮的思想植根于中国古代传统文化的深厚土壤，是对传统文化精华的继承与发展，与儒家经典、两汉史学、先秦诸子及浙学传统等都存在一定的渊源关系。他的恢复中原思想就建立在《春秋》"尊王攘夷"的传统思想之上；建皇极、立大中、君主秉枢执要、君臣一体的政治思想则秉承《尚书》思想要旨；察古今时势之变，极人事以达时措之宜，开物成务，成顺致利，以及三才不相离异之说，则是对《易》及司马迁、扬雄等思想的融合继承；其论人性不以善恶又兼带善恶，反对以动机作为价值判断的依据，则又是受《礼记》的启发，统摄孟子、荀子之学说；他排斥形而上学，倡导在实践中实现知识的实际效用的事功思想，都是对孔孟积极入世思想的继承和发展。

陈亮面对国家民族的困境，以一种英雄式的生命形态解读和体悟六经。他认为经典的功用是治理天下、提升人们生活品质，在研读经典时，应该关注其蕴含的经世思想，且这种经世不是道德经世，而是实事实功的经世。他写《六经发题》《语孟发题》作为授徒的讲义，对儒家经典的根本精神进行探讨，无分篇析句之烦琐，无故作高明之玄思，而切于人伦日用和治国之道。在他看来，儒家经典是圣人先王大有作为的记录与总结，它流传后世，是有待于后人应用这份经验来直面生活，而不是将对这些经典的讨论作为儒者之要务。他本着适用变通的原则，以其功利实学对经书进行取舍，旨在弘扬先秦儒家实学精神。

陈亮也不排斥诸子之学，儒、道、墨兼治，而以儒家为主，兼容并包，博采众长，思想开放，不黜异端。他认为"《论语》一书，无非下学之事"，又认为"善观《孟子》之书，当知其主于正人心；而求正人心之说者，当知其严义利之辨于毫厘之际"。他还推崇《荀子》："荀子之书出，而后儒者之事业始发挥于世。彼其之时不可以无此人也，亦不可以无此书。"他对扬雄的《太玄》褒扬有加，认为此书能阐"物理无穷之妙，天道人事之极"。

陈亮思想的另一个重要的历史来源是隋代王通的《中说》，王通精研儒家经典，著有《续六经》，此书至唐末即已散佚不存。《中说》一书，仿《论语》语录体，为其弟子记录其平时言行之作。陈亮推崇王通"续经之作，孔氏之志也"，并认为《中说》有"翼成（唐朝）三百年基业"之功。宋时流行的《中说》主要有阮逸和龚鼎臣刊本，二者在内容上多有出入。陈亮在淳熙年间参稽二本，按内容分类，重新编次，成《类此文中子》十六篇，附录《文中子世家》《录唐太宗与房魏论乐事》《录关子明事》三篇。他在研究中颇有心得，认为自己编订之本才是王氏正书。朱熹听说后，亟求阅读。在陈亮看来，王通续《诗》《书》，正《礼》《乐》，修《元经》，赞《易》道，正是对周公、孔子以天下为己任的根本精神的继承和发展。而王通广聚学徒以讲学，入门弟子学成入世，辅佐李渊父子开唐三百年基业，正是对乃师学说的弘扬践行。故他推尊王通，一方面继承了王通重王道、重人事的本质精神、三才观念及推尊两汉、明变通、经即史等思想精华部分，并在结合南宋现实情况的基础上加以发展、融合、利用；另一方面又以本身的体验为吸收知识的基础，有选择性地否定了王通思想中与他的思想认识不相契合的因素，加以摒弃。

陈亮对北宋理学诸子及同时代的一些学者思想也进行了吸收利用。他早年在周葵的指导下读《中庸》，渐开性命道德之学。淳熙间又博览群集，举凡经籍典册、兵农食货、历史掌故、地理形胜和各种文物制度等，尽在研究之列。他作《杨龟山中庸解序》，强调以《四书》为准则去理解《春秋》《易》等儒家经典。他将周敦颐、张载和二程的论著辑为《伊洛正源书》，以备日览。又辑张载、二程论礼乐法度的有关言论为《伊洛礼书补亡》，精选三人谈论政事和典章制度的言论，编成了《三先生论事录》。他又刊刻了二程的《易传》、胡安国的《春秋传》、杨时的《中庸义》、谢良佐的《论语解》、沈文伯的《春秋比事》、林勋的《本政书》等，并给予了很高的评价。他在整理北宋理学诸家的心性义理之学时，主要侧重于讲明法度、考订典制的有关著作。另外，陈亮对"宋初三先生"、李觏、欧阳修、苏洵、梅尧臣等人也非常推重，曾编成《欧阳文忠公文粹》，请吕祖谦评议。在史学方面则有《三国纪年》《通鉴纲目》等。他博览古今书籍，用"致用"的眼光吸收各家的理论精华。在学术上不专主一家，同则吸收，异则摒弃。他的衡量标准就是"成天下之骏功"，有强烈的实用主义色彩。

总之，陈亮的事功学说以南宋的社会现实为基点，在理论上总结了先秦、汉唐以来的事功思想，并把它完善化、系统化，发展成为永康学派，不仅促进了学术的繁荣，最为直接地表达了时代要求，而且通过对经世事功的学术追求与崇尚功利的价值取向，显示出与学术界诸派迥然相异的旨趣。万斯同在《儒林宗派》卷十一罗列陈亮门人喻侃等十八人；全祖望在《宋元学案》为永康学派建有《龙川学案》，胪列喻民献以下三十四人，永康学派队伍之壮大可见一斑。

永康学派与浙学

南宋以叶适为代表的永嘉学派与以陈亮为代表的永康之学、以吕祖谦为代表的金华之学合称"浙学"。浙学与福建学派（以朱熹为代表的理学）、江西学派（以陆九渊为代表的心学）为南宋时鼎立的三个学术派别，此时期也被认为是中国学术思想发展上继春秋战国诸子百家争鸣后的第二次思想活跃时期。浙学注重对历代典籍的博征辑考与历史事件的重新研究，欲斟酌变通以为经世之用。朱陆之学则以道德心性的仔细推寻，衍为精深缜密的理论思辨。

陈亮作为永康学派的创立者，与吕祖谦、叶适等人并为当时浙东学派的代表，以其个人作为和思想学说对浙东学派及其学说的形成发挥了重大作用，因此他在南宋浙东学派中的地位是不言而喻的。从总体来看，在南宋浙东学派的发展过程中，陈亮发挥了承上启下的作用。在他之前，尽管有薛季宣等人提倡事功，但是浙东学界仍然是一盘散沙。在宋孝宗淳熙年间，陈亮的事功学说一鸣惊人，永嘉的陈傅良、叶适、金华的吕祖谦等人与他共同唱和，逐渐形成较为一致的学术趋向，浙东学派遂趋于繁荣，并对当时的社会及学术界产生了很大影响。叶适在浙东的学术界中，属于集大成者，他使浙东学派的理论体系进一步成熟和系统化，这与陈亮对叶适学术思想的重要影响是分不开的。他们的数十年交往情谊无疑是宋代学术史上的佳话。从南宋浙东学派事功学说形成发展的角度来说，陈亮虽然没有首倡之功却有发扬光大之贡献。

事功思想，虽在先秦时就提出来了，但主要是在宋代历史条件下发展完善起来的。在北宋时期，李觏继承了历史上事功思想的积极成果，提出义利统一的观点。王安石则在实践中具体运用和发展了事功思想。南宋时期，陈亮与叶适共同成为中国古代事功思想发展完善阶段的代表人物。在理学流行与蔓延之际，陈亮全面总结了历史上事功思想的优秀成果，举起事功的旗帜与理学相抗衡，通过与朱熹的学术辩论，对理学进行了严肃批判。他通过积极的学术交流，为浙东学派的发展壮大发挥了建设性作用。

陈亮一生与永嘉学派和金华学派的学者交往密切,在学术上互有影响帮助,合力推动了浙东事功学说的形成与发展。在理学家看来,永康学术和永嘉学术都是"功利之学",俱为"大不成学问"。客观地说,在浙东学派中数永嘉学派与永康学派学术观点最接近,这与陈亮和陈傅良、叶适的密切交往是分不开的。他们一起谈学论道,学术观点互相融合。陈亮还与金华学者吕祖谦是莫逆之交,在学术上互相切磋,在生活上互相关心,在精神上相互慰藉,在思想上取长补短。吕祖谦身为"东南三贤"之一,非常关心陈亮学术研究的进展,经常给予鼓励和指导。

以吕祖谦为代表的金华学派以家学"中原文献之学"为基础,出经入史,同时又与朱熹、张栻共倡理学,相与上下其论,阐发道德性命之说的微旨奥义。金华学派兼容并包,以经史之学为骨架,折中理学与心学,博大精深。吕祖谦继承孟子以来的性善说,但认为人心为私心,道心为本心,所以人要保存本心,祛除私意。他在坚持"窒欲"的前提下又主张理欲统一,故认为需要对人欲加以合理的制约。他又认为"利者,义之和也",强调义利之实用价值的转换。具体到个人,就是要在完善自我道德修养的基础上,再实现齐家治国平天下的事功。故他在与陈亮、叶适的交往中,往往先劝勉其实现自身气质的转化,使之符合内圣之标准,继而兼济天下，经邦理国。金华学派与永康学派同中有异，在学术思想上主要表现在如下方面：首先，吕祖谦为人宽厚和易，兼容并蓄，故而能调解各派理论分歧，呈现出统合理学、心学的倾向，而陈亮则站在浙学一面坚决反对理学正心诚意、相蒙相欺以废天下之实的弊病，对心学的空疏也不置可否。其次，吕祖谦坚持孟派性善论，而陈亮则认为"才有人心便有许多不洁净"，则是荀派性恶论的语气。故而，他更倾向于主张满足人欲，适当加以控制引导，使其不至于过分即可。再次，对理学之道统说，吕祖谦与朱熹、张栻一样坚信不疑。而陈亮则视"道统"为臆造，视"绝学"为奇谈。最后，在史学研究领域，二者均非常重视治史，吕祖谦重在典章制度的考订，历史事实的还原，而陈亮则更注重稽古证今，古为今用，抽绎历史规律以指导现实政治。

永嘉学派始于宋初的王开祖，在周行已、许景衡为代表的"永嘉九先生"的大力弘扬下，郑伯熊、伯英兄弟的重新振兴下，薛季宣的转变倡导下，陈傅良、叶适的发扬光大下蔚为大观。薛季宣、陈傅良以经制言事功，钻研经史以开物成务。叶适之学则更博大精深，精于经史，叶适与陈亮义同昆弟，学术思想及旨归更为接近。其大同小异之处首先在于，陈亮反对道统说是建立在历史观上的，叶适反对道统观是建立在历史文献考证基础之上的，后者的文献考订更为扎实，更具说服力。其次，陈亮由"道常行于事物之间"推绎出道即现实，以此来支撑他的历史观、哲学观。叶适与陈亮在关于道的观念及在哲学上所表现的拒斥形而上学的倾向都基本一致，但叶适在此基础上构建了比较完整的知识论体系，以支撑其事功思想；而陈亮仅侧重于强调实现知识价值现实转换的重要性。再次，叶适对荀子、孟子的性善恶论不置可否，倾向于以经验为依据，与陈亮之说暗合。在利义理欲观上，叶、陈都持道义与功利的和谐统一论，但陈亮从更深层次要求以外在的功利实效来验证、衡量内在道德价值。最后，二者都重视历史研究，但叶适治史的旨趣承袭永嘉学派，又与吕祖谦颇为接近，通过精研历代典章制度以期服务于现实政治；而陈亮则继承司马迁的史学观，考古今之变，以究天人之际，重视社会历史作为统一过程的整体诠释。

事功学说的传播

陈亮生活的时代是南宋学术最为繁荣的黄金时代，与他同时的有朱熹、吕祖谦、张栻、陈傅良、叶适等，他们创建了不同的学术思想流派。朱熹秉承二程学说，将北宋诸儒之学发扬光大，成为理学的集大成者。张栻继承胡宏所开创的湖湘学统，初步奠定了湖湘学派的规模。吕祖谦开创婺学，重视中原的文献传统，学问博大精深，考论持之有据。陈傅良、叶适则代表了永嘉学派，也即事功学派。陆九渊师事吕祖谦，另辟蹊径，开创心学一派，在理学的大树上开枝散叶。

朱熹以儒学正统自居，视浙学、陆学为异端，不遗余力地攻击陆学和浙学，他说："海内学术之弊，不过两说，江西顿悟，永康事功，若不极力争辩，此道无由得明。"他又在《答吕子约书》中曰："夫学者既学圣人，则当以圣人之教为主，今"六经"《语》《孟》《中庸》《大学》之书具在，彼以了悟为高者，既病其障碍而以为不可读，此以记览为重者，又病其狭小而以为不足观……毋乃悖之甚耶！""彼"指陆学，"此"指浙学，朱熹指斥事功、心学，竭力维护理学的独尊地位。

在孝宗、光宗时代，陈亮的事功学说代表着一种以中兴宋朝、富国强兵、收复中原为目标的社会改革思潮。尽管他的思想学术体系的建构并不完备精致，理论思维水平并不高深，但他对儒家事功之学的倡扬，对南宋现实问题的准确把握与深刻见解，对士人踔厉有为之气的激发，迎合了时代的需要，引起了相当广泛而强大的社会反响。他的事功思想传播迅速，后来居上，遍布东南一带，引起了朱熹的震惊与忧虑。朱熹曾不无担忧地说："陈同甫学已行到江西，浙人信向已多，家家谈王霸，不说萧何、张良，只说王猛，不说孔孟，只说文中子，可畏可畏！"在朱熹看来，陈亮功利之学的危害甚至大于陆九渊具有禅学色彩的顿悟之说，因为禅学"后来学者摸索一上，无可摸索，自会转去。若功利，则学者习之，便可见效"。其结果是学者相率而舍道义之途，以趋功利之域，圣人之道无由得明。

面对功利思想的迅速蔓延，朱熹力图正本清源，阐明圣人之道。他掉转矛头专攻陈亮的事功之学。而面对朱熹的非难，陈亮也公开反对"道在物先"、"理在事先"、"存天理、灭人欲"的唯心主义道统论，痛斥"绝学"耳目不洪、见闻不惯。在对待史学与治史的问题上，陈亮、叶适力倡读诸子百家，目的在于汲取其长、有利于治事，以广博的知识弥纶以通世变。程朱理学要求学者专在六经四书上下功夫，认为读史和诸子之书只能为读经服务，目的在于穷理尽兴、治心修身，以正心诚意，上通天理。至于考订经制、肆力文章，更是无关宏旨的小事。朱熹著史书，却反对浙学倡言史学，谓浙学治史，兴事功之学，是乱了"圣道"。他说："然今日又有一般学问（指浙学），废经而治史，略王道而尊霸术，极论古今兴亡之变，而不察此心存亡之端，若只如此读书，又不若不读之为愈也。"鄙视浙学为"一般学问"，对建立在史学研究基础上的浙学大力批判。

朱熹劝说陈亮"绌去义利双行、王霸并用之说，而从事于惩忿窒欲、迁善改过之事，粹然以醇儒之道自律"。陈亮以为这是对他的思想和主张的曲解，遂与朱熹围绕王霸义利、天理和人欲等重大哲学问题，进行了一场长达近三年之久的关于"王霸义利"的辩论。这场论辩，与朱陆鹅湖之辩一样，成为当时耸动天下士人耳目的学界大事，在宋代学术思想史上产生了巨大影响。针对朱熹以天理人欲为辨别王霸之鹄的，认为王者合于天理、霸者本诸人欲的观点。陈亮驳之曰："自孟荀论义利王伯，汉唐诸儒未能深明其说，本朝伊洛诸公辨析天理人欲，而王伯义利之说于是大明。然谓三代以道治天下，汉唐以智力把持天下，其说固已使人不能心服。而近世诸儒遂谓三代专以天理行，汉唐专以人欲行，其间有与天理暗合者，是以亦能长久。信斯言也，千五百年之间，天地亦是架漏过时，而人心亦是牵补度日，万物何以阜幡，而道何以长存乎？"又曰："孟子终日言仁义，而与公孙丑论勇如此之详，盖担当开廓不去，则亦何有于仁义？"明确了三代崇仁义，与后世尚智勇，义各有当，未容强为轩轾。朱熹坚持认为，汉唐君主的为政理念未有一毫免乎利欲之私，因而即便创建了事功亦无足称道。他心目中的"英雄"永远属于儒家经典所称美的德行纯粹的三代圣王。而陈亮则尖锐地批评朱熹只注重道德动机的思想倾向，而极力推崇像汉祖、唐宗那样因杂用霸道建立了丰功伟业的英明君主。

陈亮在辩论中独树一帜，力倡事功，构建了以"事功"

为核心的崭新的思想体系，也使事功之学得以广泛传播。在
孱弱的南宋面临女真铁骑威胁的严峻危急时刻，理学致力于
正心诚意，重在道德心性的推寻，重在对"内圣"的追求，
显然与抗击外侮、恢复中原的时代要求一点也不和谐。而陈
亮事功学派心存匡济的经世致用之论，无疑具有十分重要的
现实意义，其传播速度之快、范围之广，也充分展示了其适
应时代需要的特点。

　　陈亮的事功学说在南宋学界盛行，一方面在学术上牵制
理学，从而避免了学术界的话语垄断；另一方面因为事功学
说适应了商品经济的发展，符合人们的客观要求，更容易为
人们所接受。在商品经济比较发达的浙东地区，义利并重甚
至重利轻义思想深入人心，大有取代传统儒家重义轻利思想
的趋势。随着事功思想的传播，农商并重、发展生产、繁荣
经济、尽快扭转贫弱局面成为社会共识。"重农抑商"观念
的改变促使宋代商品经济迅速成长起来，并达到了空前的发
展水平。众多官僚加入商人行列，使商人的社会地位得以提
升，形成了一大批与官府争夺商业利益的富商大贾。以利润
追求为动机的商品经济，比起保守封闭的自然经济，更能推
动社会生产力的发展，因而具有历史进步性。

　　陈亮的事功思想是中国古代思想史上的珍贵财富，其对
社会功利和商品经济的倡导，对利欲功能与物质需求的合理

性肯定，对极端利己主义的批判，对理学空谈义理性命、恪守三纲五常的反对等思想都具有社会合理性与历史进步性。

事功学说与清代经世致用之学

以陈亮、叶适为代表的浙东事功学说，在扎实考证和理论建构上、在与理学的辩论中脱颖而出，传播广泛，不仅影响到了南宋的学术思想和文化思潮，而且成为清代经世致用之学的先导。它通过史学研究以达于经世，以实学、实事、实功为归宿。永康学派和永嘉学派的史学、经制及事功思想，历经元明至清，开启了清初浙东地区以史学为主，有独到之长的"浙东学派"。

清初迭经社会变乱，受到民族战争强烈震撼的士人自觉地以兼善天下为己任，矫正理学及王学末流的空疏误国，倡导经世实用之学。他们的治学从多个领域入手，注意总结历史经验，探究成顺致利之道，探求天下利病的缘由。黄宗羲、王夫之以经社稷安人民为时务之首，一洗往日空疏之学的弊端。他们以社会问题作学术研究的核心，影响很大。他们都强调治史是为求措置于经世之大业，从中理解、把握治国安邦的学问，这是事功学派的特色。清初浙东学派创于黄宗羲，包括万氏兄弟、全祖望、章学诚等在内。黄宗羲学识

202

渊博，在经学、政治、哲学等方面都有建树，尤长史学，强调经史结合，著书立说皆期于有用。他的《明儒学案》《宋元学案》都本着"论从史出""史论结合"的宗旨而写，有极丰富可靠的文献资料，案语都根据史料写成，而且追本求源叙述学术沿革。章学诚论史，更以经世为核心旨趣，时时处处贯彻之。浙东学者反对吟风弄月，在学术研究上提倡具有独创精神的专门之学，反对单纯地为前人的著述注释考订。这个时期的学术主潮，正如梁启超所说，是厌倦主观的冥想而倾向于客观的考察，排斥理论而提倡实践。

随着近代外侮内患时局之变动，清朝在世界的急遽变革中风雨飘摇、江河日下。永康、永嘉事功学说，最终为近代经世致用之学的开拓带来了深远的影响，经世致用之学在近代已成了维新改革派之旗帜。龚自珍、魏源、康有为、梁启超等改革派先驱慨然以天下为己任，寻求救国的良方。近代无论是启蒙时期的"以经术求治术"，还是世纪末的"维新改制""藉古论治"，以及其后之"输入学理，再造文明"等思潮，无不与南宋陈亮的学术思路趋同。清经师学派庄存与、刘逢禄等并治《春秋公羊传》，也一针见血地指出孔孟之学在于实践躬行和经世致用。开一代风气先河的龚自珍常引用《公羊》的微言大义讥讽时政，批判封建专制制度。魏源是中国乃至东亚杰出的思想家，最早向国人介绍西方并提

出中国应向西方学习。他系统编撰《海国图志》一书，提出
"师夷长技以制夷"的强国策略，以抵御外侮、挽救中国，
表现出了强烈的民族意识和爱国热情。他还针对程朱向往的
"三代之治"，指出历史进化的客观趋势是不以圣王的意志
为转移的。他与龚自珍一样，用"公羊三世说"将所处之世
及鸦片战争时期视为"末世"，呼吁清政府要变法、改革以
图强。

此外，南宋事功学派的反理学斗争，对清代的思想界也
产生了重大影响。士人们在惨烈的历史反省中，已深刻地认
识到那些空谈心性的文风及学风是倾覆封建王朝的重要因
素，于是对玄学的空言心性之论进行激烈的批判，构成了清
代学术界自戒自省的一种理性自觉。虽然经世学者们治学各
有侧重，涉及的领域也不同，但他们抛弃明心见性的空谈，
专讲经世致用的学风却是完全相同的。

从陈亮、叶适到黄宗羲、顾炎武、王夫之，到近代的龚
自珍、魏源、梁启超、章太炎、孙文等，都在经世致用观念
影响下，注重事实、历史、经验，主张改革、变法、革命。
近代中国的时代主题虽然变幻不定，学习西方走了一条从坚
船利炮的有形器物到无形的政教制度、思想文化的道路，但
无论是改革内政还是学习西方，其内在深层次的学术文化动
因仍是经世实学。

附录

年　谱

1143 年（绍兴十三年）　九月初七，出生于两浙东路婺州永
　　康县前黄村。

1158 年（绍兴二十八年）　在义乌何子刚办的私塾里读书。
　　金迁都于汴京。

1160 年（绍兴三十年）　在阅读历代史策、参稽现实的基础
　　上，著《酌古论》。

1161～1162 年（绍兴三十一年至三十二年）　与吕祖谦一同
　　应考，皆未中。因《酌古论》而受到婺州郡守周葵赏
　　识，被许为国士，客其幕下。

1165 年（乾道元年）　娶义乌何氏。八月，母黄氏去世。守
　　丧期间，父陈次尹入狱。

1167 年（乾道三年）　祖母去世。十二月二十七日，祖父
　　逝世。

1168 年（乾道四年）　四月十二日，父陈次尹在叶衡的营救
　　下出狱。九月，更名为"亮"，参加婺州乡试，为解

元，被录为太学生员，与陈傅良同师于芮烨。

1169年（乾道五年） 参加礼部会试，不中。写信与叶衡丞相，谢其救父之恩。五月，上《中兴五论》于宋孝宗，表达了坚决抗金、收复中原的政治主张，引起主和派的惊慌。

1172年（乾道八年） 设帐授徒。钻研理学，并研究《中说》等。

1173年（乾道九年） 十二月初二，终于将停放多年的祖父、祖母及母亲的棺材下葬。二十四日，父陈次尹去世，借钱葬父。

1174年（淳熙元年） 正月，周葵去世，陈亮因重孝在身加之路途遥远，未去祭拜，写《祭周参政文》痛吊恩师。

1175年（淳熙二年） 门生孙贯因病英年早逝。九月二十八日，陈亮带领学生安葬孙贯，撰写《孙贯墓志铭》《祭孙冲季文》《众祭孙冲季文》。

1177年（淳熙四年） 二进太学，在考试中因不按程式，借题发挥，讥议朝政，被目为"狂怪"之徒，退出太学。

1178年（淳熙五年） 好友叶适、王自中考中进士。正月，陈亮易名为同，到临安先后三次上书孝宗，建议废除和议，北伐中原，收复失地。未被采纳，失望而归。

1179年（淳熙六年） 退居乡间，潜心著述。

1180 年（淳熙七年） 周必大任参政，张栻、陆九龄死。陈
　　亮写信给周必大，谈及当年灾荒和时事。

1181 年（淳熙八年） 吕祖谦到永康访陈亮，在寿山石洞相
　　与论学。七月二十九日，吕祖谦去世，陈亮前往吊祭。

1182 年（淳熙九年） 正月，朱熹巡历到金华，哭祭吕祖谦，
　　陈亮前往明招山拜访，相处十日，交谈甚欢。

1183 年（淳熙十年） 吏部尚书郑丙、监察御史陈贾奏请禁
　　治理学。陈亮弟子钱廓应考于漕台，中选，十一月死。
　　朱熹在武夷山建造精舍，收徒讲学。

1184 年（淳熙十一年） 春，乡人宴会，特将胡椒粉放在陈
　　亮肉羹中，宴后同坐中有卢氏回家暴死，死者家属怀
　　疑有人在饭食中下毒。三月，陈亮被诬以"置药杀人"
　　而入狱。五月二十五日，被释放。

1185 年（淳熙十二年） 写信给丞相王淮，列秦桧主和误
　　国害民的罪状，激励恢复中原之心，并推荐叶适等主
　　战派。

1184～1186 年（淳熙十一年至十三年） 与朱熹书信往复论
　　战，作王霸义利之辩，在当时学术界产生很大震动。

1187 年（淳熙十四年） 年初，去临安考试，得病返家，庶
　　弟陈明因而病死。陈亮写信给章德茂侍郎，谈及乡间
　　大旱，哀叹朝廷文恬武嬉，处危为安。十月初八，进

京会友。宋高宗崩。

1188年（淳熙十五年） 到金陵、京口进行实地考察。四
　　月，又到临安上书孝宗，不纳。冬，前往江西访辛弃
　　疾，商谈救国大计。

1189年（淳熙十六年） 宋孝宗禅位于光宗，金世宗完颜
　　雍死。

1190年（绍熙元年） 朱熹、陆九渊两人发生了唯心主义阵
　　营内部的争辩。家僮吕兴及何廿四将吕天济殴打致死，
　　陈亮被诬告指使杀人。十二月再次入狱。

1191年（绍熙二年） 陈亮在三衢狱中。辛弃疾、张杓、罗
　　点等奔走营救。

1192年（绍熙三年） 郑伯英、陆九渊死。二月，陈亮出狱。

1193年（绍熙四年） 春，中进士。五月殿试，中状元，授
　　金书建康军节度判官厅公事。荣归永康祭祖。

1194年（绍熙五年） 因病逝世，葬于龙窟马铺山，友人叶
　　适、辛弃疾为作祭文。

主 要 著 作

　　陈亮著述丰富，据《宋史》卷二百三、二百八所载，有
《通鉴纲目》二十三卷、《陈亮集》四十卷、《外集》词四

卷，今佚。传世为明成化刻本三十卷，明万历、崇祯刻本，史朝富刻本，均为三十卷。通行本有《国学基本丛书》本，《四部备要》排印本。1974 年中华书局出版校点本《陈亮集》。现存《龙川词》，有明《唐宋名贤百家词》、明毛晋汲古阁本。《四库全书》《续金华丛书》《四部备要》均用汲古阁本。《全宋词》用毛刻并据明钞校正，又加辑补。今存词七十四首。

参 考 书 目

1.〔宋〕陈亮著，邓广铭点校：《陈亮集》（增订本），中华书局，1987 年。

2.童振福：《陈亮年谱》，商务印书馆，1936 年。

3.颜虚心：《陈龙川年谱》，商务印书馆，1940 年。

4.吴春山：《陈同甫的思想》，台湾大学文学院，1971 年。

5.姜书阁笺注：《陈亮龙川词笺注》，人民文学出版社，1980 年。

6.童振福：《陈亮年谱》，台湾商务印书馆，1982 年。

7.夏承焘校笺：《龙川词校笺》，上海古籍出版社，1982 年。

8.方如金等：《陈亮与南宋浙东学派研究》，人民出版社，1996年。

9. 刘宏章、董平：《陈亮评传》，南京大学出版社，1996年。

10. 卢敦基、陈永革主编：《陈亮研究：永康学派与浙江精神》，上海古籍出版社，2005年。

11. 卢敦基：《人龙文虎：陈亮传》，浙江人民出版社，2006年。

12. 邓广铭：《陈龙川传》，三联书店，2007年。

13. 李光灿、张国华：《中国法律思想通史》，山西人民出版社，2000年。

14.〔元〕脱脱等：《宋史》，中华书局，1977年。

15. 韦政通：《中国思想史》，上海书店出版社，2003年。

16. [美]田浩著，姜长苏译：《事功儒家：陈亮对朱熹的挑战》，江苏人民出版社，1997年。

17. 王炳照、阎国华：《中国教育思想通史》，湖南教育出版社，1994年。

18. 章柳泉：《南宋事功学派及其教育思想》，教育科学出版社，1984年。